쌀 · 삶 · 문명 총서

국가와 농민 사이, 면서기의 경험과 심성

- 이강운의 『삼계일기』 분석

이 저서는 2019년 대한민국 교육부와 한국연구재단의
지원을 받아 수행된 연구임 (NRF-2019S1A5C2A02083616)

쌀·삶·문명 총서

이정덕
박지환
이성호
소순열
김미숙
진명숙
양선아
공은숙
이홍재

국가와 농민 사이, 면서기의 경험과 심성

이강운의 『삼계일기』 분석

전북대학교출판문화원

목차

서문

『삼계일기』를 통해 본 1950년대 한국농촌의 심성

| 이정덕 |

전북대 쌀·삶·문명연구원은 서구중심주의와 서양문명을 위주로 형성된 지식, 사상, 개념을 극복하기 위해 설립되었다. 서구의 경험과 심성에 기반을 두고 형성된 서구의 인문사회과학적 개념들이 우월한 표준개념으로 받아들여지고 있고 동아시아의 경험과 개념은 현대를 제대로 반영하지 못하는 것으로 인식되면서 동아시아의 경험과 심성을 서구 경험에 기반을 둔 개념과 심성으로 재단하는 현상이 인문사회과학에서 광범위하게 나타나고 있다. 전북대 쌀·삶·문명연구원은 이러한 문제를 극복하기 위해 우선 동아시아의 경험과 심성을 연구하여 서구와 어떻게 다른가를 추적하고 있다. 따라서 항시 서양문명과의 대조를 염두에 두고 연구를 진행하고 있다. 또한, 동아시아의 문명권으로서의 공통점도 고려하지만 동시에 국가마다 다른 역사적 경로와 국가 사이의 관계를 고려하여 동아시아 심성의 형성과 차이를 비교연구하고 있다.

이를 위한 기초연구의 하나로서 우리는 20세기 근대화 과정의 동아시아의 일기를 발굴하고 비교 연구하여 동아시아의 근대경험을 탐색하여왔다. 궁극적으로 서구의 근대경험이나 심성과 어떻게 다른지를 추적하기 위한 출발점이다. 이번에 우리 연구팀이 분석작업을 시도한

『삼계일기』는 1950년대 한국농촌에서 면직원이 경험한 세계를 보여주고 있다. 이 일기를 통해서 우리가 분석하고자 하는 주제는 면사무소에서 일하는 공무원의 경험과 인식을 통하여 드러나는 세계관과 심성이다. 이 일기의 주인공인 이강운은 1931년 출생하여 19세(1948년)에 면사무소에 취직하여 면직원으로 있으면서 일기를 썼다. 그중 1954년 5월부터 1957년 9월까지의 일기를 확보하여 분석하게 되었다. 일기는 식민지에서 해방되고 압축성장의 궤도에 들어서기 전의 농촌의 생활모습을 보여주고 있다. 또한, 말단 공무원으로서 가난하지만, 힘은 매우 강력한 국가의 대리인으로서 농민들과 접촉하는 국가와 농민 사이에 낀 존재의 모습과 심성을 드러내고 있다.

박지환은 국가와 농민 사이에 끼어있는 면직원으로서의 경험과 심성을 다루고 있다. 청년을 징집하고 각종 세금과 비용을 거두어야 하기 때문에 가난한 주민에게 세금을 강제로 징수하는 과정에서 주민들로부터 '도적놈' 취급을 받기도 하고 스스로도 잘못하면 倭政 時 供出 이상의 참상이 될 수도 있다고 걱정한다. 면직원은 그래도 농민보다 조금 나았겠지만, 경제적으로 어렵게 살았고 농민들의 곤궁한 상황에 동정적인 태도를 가지고 있다. 따라서 때로는 정부의 정책을 비판하기도 하고 농촌유지들의 이중적인 태도를 비꼬기도 한다. 국가가 가난하고 무능력하지만, 힘은 매우 강한 상황에서 말단 공무원으로 국가와 농민의 사이에 끼어서 나타나는 경험과 심성을 잘 보여주고 있다.

이성호는 1950년대 병역제도가 농촌사회와 청년에게 미친 영향을 정리해서 보여주고 있다. 해방과 전쟁을 거치면서 국가가 불안정한 통치체제를 어떻게 안정화시켜 가는지, 국민개병제를 기본으로 하는 징병제가 어떻게 국민동원체제로 정착되어 가는지를 정리하고 있다. 그러면서 1950년대의 상황에서 징병제는 빈곤가족의 해체, 사회적 노동력 부족 등의 문제를 발생시켰음을 강조한다. 뿐만 아니라 병역법이 규정한 징병제 자체가 특권층이 합법적으로 병역의무를 피할 수 있도록 불평등하게 설계됨으로 인해서, 농촌의 가난하고 힘없는 사람들이 강제 동원의 대상이 되고 있었으며, 이로 인한 불만이 누적되어 병역기피율이 매우 높았다는 점도 일기 자료를 통해 보여주고 있다.

소순열은 면직원을 통해 이장의 역할이 어떻게 강화되는지를 추적하고 있다. 면은 정례적인 이장 회의를 통해 이장에게 지시하고, 면직원이 마을에 출장을 가서 여러 가지 일을 수행한다. 수득세, 추곡하곡수매, 농사지도, 경작지 조사, 세금 및 잡부금 징수, 구호양곡분배, 국민반조직, 계몽선전, 선거투표독려, 도로정비, 징집업무, 노무동원 등을 마을에서 수행한다. 그러나 당시 주민들은 식량이 부족할 정도로 가난하여 협조가 약한 편이다. 이장들은 도로정비를 위해 마을주민들을 노무 동원하지만, 잘 참여하지 않아 매우 애를 먹는다. 공과금이나 경비를 징수하는 데도 어려움을 겪는다. 호별로 분배하지만, 징수에 애를 먹는다. 수득세(농지세)는 규모가 크기 때문에 더욱 어렵다. 안내면 형사들이 이장과 주민들을 체포한다고 겁을 준다. 각종 세금, 경비를 걷고 징집을 원활하게 하기 위해서는 이장들과 다양한 방식으로 친목을 도모한다. 또한, 이장의 온갖 부탁을 들어주기도 한다. 그렇게 전통마을에서 작동한 마을자치는 이제 이장중심의 행정으로 대체되어 국가가 마을까지 강력하게 통제하고 있음을 보여준다.

김미숙은 면공무원들의 자기학습모임인 월요교양강좌를 다루고 있다. 면장을 비롯한 면직원들이 공무를 수행하는 데 필요한 각종 지식, 규칙, 법을 서로 발표하고 공부하는 모임이다. 면행정을 원활하게 수행하기 위한 노력이다. 군에서도 회의를 할 때 군공무원들을 모아 교양강좌를 했고 내용과 성격이 면교양강좌와 비슷한 것으로 보인다. 하지만 서로 업무도 바쁘고 관심도 달라 규칙적으로 진행되지는 못했다. 헌법, 선거법, 지방자치법, 병역법, 공무원법, 호적실무, 주산, 회계, 행정, 측량, 비료, 협동조합 등 다시 농촌 행정에 필요한 부분을 통해 스스로 자질을 높이려는 모습을 보여준다. 하지만 면직원들이 자체적으로 강의하는 것이라 내용에 만족하는 모습은 드물게 나타난다.

다시 이성호는 농경, 시장, 이동의 일상생활을 보여주고 있다. 특히 1950년대 농촌은 매우 빈곤하였기 때문에 춘궁기에 식량을 구하러 다녀야 하고, 국가가 징수하는 각종 세금과 비용을 회피하는 피곤한 삶을 보여주고 있다. 쌀과 보리와 채소를 주로 재배하고, 누에, 대마, 닭, 돼지를 길러 가계수익에 보태는 가축을 키우고, 5일장에 나가서 각종 물품을 거래하고, 사람들을 만나고 시장에 가득한 사람들을 통해 명절 분위기를 느끼는 모습을 보여주고 있다. 또한, 공무원이기 때문에 빈번하게 면을 돌아다니고, 업무를 위해 빈번하게 전주와 남원을 다닌다. 또한, 전주, 남원, 김제, 광주, 나주에 가서 친척을 만나고, 설날에는 전주, 광주, 대전, 서울에 있던 사촌들이 고향에 돌아온다. 대부분 걸어다니거나 차를 얻어 타지만, 멀리 가려면 버스나 철도를 사용한다.

진명숙은 지명을 중심으로 공간이 어떻게 구성되어 있는지를 보여주고 있다. 면직원으로서 업무상 삼계면 관내의 마을들을 빈번하게 방문한다. 보통 두세개 마을을 방문하면 하루가 지나간다. 또한, 업무와 친척방문이나 문중 행사로 임실, 남원, 전주도 자주 방문한다. 특히 주업무가 병역계여서 빈번하게 입대자를 데리고 전주나 남원으로 가서 인계하였다. 교통편이 여의치 않아 항시 골머리를 앓았다. 마지막으로 자신이 사는 곳인 어머니의 고향 삼계리에서 5km 정도 떨어진 아버지의 고향 신기리를 자주 방문하면서 느꼈던 고향의 정서를 설명하고 있다. 부계의 일가친척을 명절이나 시제나 묘사나 잔치로 빈번하게 방문하면서 자신의 고향으로 생각하는 모습을 보여주고 있다.

양선아는 이러한 고향의 정서가 타향의 정서와 어떻게 엉켜있는가를 보여준다. 외가가 있고 자신이 사는 곳 삼계면 삼계리는 타향으로 느끼고 자신의 친가가 있는 오수면 신기리는 고향으로 느낀다. 오수면 신기리를 고향으로 느끼는 이유는 一家들이 모두 그곳에 살고 있어 명절, 관혼상제, 문중활동, 친척모임이 모두 신기리에서 이루어지기 때문이다. 큰아버지가 그곳에 살며 사당을 모시고 있어 조상으로 이어지는 상징이다. 타향에서 살고 있어 명절이나 관혼상제나 제례에 一家와 함께 하려면 신기리에 가야 하고, 삼계리에서는 外家이지 一家가 아니어서 같은 혈족이라는 의식을 가지지 못해 이방인으로 외로움을 느끼기 때문이다. 1950년대 전북 농촌에서 유교적 부계혈족의 심성이 강력하게 작동하고 있는 모습을 보여준다.

이정덕도 유교적 부계혈족의 심성이 강력하게 작동하는 모습을 가족과 친족관계를 매개로 보여주고 있다. 일상적으로 동성동본이 강력하게 유대를 형성하며 서로 방문하고 식사하고 돕고 노는 생활공동체를 형성하고 있다. 이와 비교하여 외가친척이나 처가친적들은 같은 一家로 간주하지 않기 때문에 같은 공동체라는 의식이 약하다. 이러한 맥락에서 가족에서는 항시 아버지가 먼저 언급되고 강조된다. 그래서 좋은 남편은 잘 만난 것이고 좋은 아내는 잘 얻은 것으로 표현된다. 아버지는 나를 조상으로 이어줘, 이 세상에 나의 위치를 부여해준 사람이다. 죽어도 아버지를 잘 모셔야 기쁘고 감개무량하다. 어머니는 혈통을 이어주는 것보다 따뜻하게 가족을 돌보며 집안일을 수행하는 모습으로 표현된다. 가족은 같이 농사를 짓고 돈을 벌고 같이 생활을 하며 문제를 헤쳐나가는 단위로 묘사된다. 큰집은 사당도 있고 조상으로 이어줘 혈족으로 연결하는 매개체이다. 작은집은 중요하지 않지만 그래서 큰집은 매우 중요하다. 아버지의 고향이고 큰집과 일가가 있는 신기리가 그래서 고향처럼 생각된다.

공은숙은 1950년대 질병과 죽음의 심성을 보여주고 있다. 1950년대 전북 농촌에서는 아직 초자역적인 질병관으로 아프면 무당과 굿을 찾는 경우가 많았다. 삼계일기에는 질병과 관련하여 초자연적인 세계관이나 초자연적인 치료에 대한 언급이 전혀 없다. 아프면 일단 집안에서 대처하며 경과를 보다가 그래도 안 되면 대체로 오수의 약국에 가서 약을 처방받아다 먹였다. 상당히 다치면 바로 오수나 남원의 병원을 데리고 갔다. 전통사회의 질병관보다 현대적인 생체의학적 질병관을 가지고 있다. 죽으면 다시 만날 수 없고 멀리 가는 것이어서 죽음은 슬픈 일이다. 죽음을 보면 인생이 참으로 허무한 것이지만 그래도 사는 것이 죽는 것보다는 낫다는 생각을 한다. 삼계일기는 매우 현대적인 질병관이나 죽음관을 보여주고 있다. 하지만 당대의 농민들처럼 망자와의 마지막 이별인 장례식에는 꼭 참석해야 하는 것으로 생각하고 있다.

이홍재는 일기의 저자인 고 이강운 옹의 큰 자제로, 선친의 전반적인 삶의 특성과 사회관계를 정리해주었다. 이 옹은 4살 때 아버지를 여의고 어머니의 동네에 가서 살면서 가난 때문에 학교를 12살에 들어갔다. 명석한 머리와 모범적인 행동으로 입학한 해에 효자상, 우등상, 개근상을 휩쓸었고, 졸업하고 바로 면에 취직할 수 있었다. 열심히 일하고 많이 배우고 익혀 일 처리가 뛰어났고 친구도 많았고 다양한 동우회, 체육회 등을 이끌었다. 면장이었지만 많은 것을 잘 알고 문제를 잘 해결하였기에 '총장님'이라는 별명으로 불렸다. 주민을 단합하고 새마을운동으로 새로운 세상을 열어가는 데 앞장서 왔다. 이렇게 할 수 있었던 이유는 그동안의 경험과 수련을 통해 공공의식, 말조심, 자존감을 잘 키워왔고, 기억력이 뛰어나고 명석해 문제의 핵심을 잘 파악하고 잘 해결해왔기 때문이다.

일기를 통해서 보면, 이 옹은 스스로 성찰하고 수양하는 일을 멈추지 않았다. 행정가로서 행정을 하면서 매번 공공성을 고심해왔다. 올바르게 행동하고 공정하게 대우하고 책임을 완수해야 한다. 다른 사람의 말을 잘 듣고 깨우쳐왔다. 공공성을 잘 수행하기 위해 사람들을 연결하고 스스로 조직을 만들어 지역의 발전을 도모하였다. 동창회, 정우회, 협동조합를 만드는 데 적극 뛰어들어 주요 직책을 맡고 공동체를 위한 많은 행사를 조직했다. 초등학교 육성회, 행정동우회, 번영회, 노인회, 종친회의 회장이나 임원을 맡아 지역에 기여해왔다. 공정하고 따뜻한 마음으로 서로 돕고 같이 발전해야 한다는 심성을 가지고 있는 분이었음을 알 수 있다.

이와 같이 『삼계일기』는 1950년대 한국 농촌사회의 상황과 농촌 주민의 생활상을 생생하게 보여주는 자료이다. 뿐만 아니라 당시 국가의 통치와 주민동원체제가 마을사회에 어떻게 전달되고 수행되었는지를 면 공무원의 시각으로 가감 없이 보여주는 보기 드문 사료이기도 하다. 우리의 해제 작업이 『삼계일기』를 읽고 연구자료로 활용하고자 하는 많은 이들에게 길잡이가 될 수 있기를 바란다.

약탈국가와 절량농가絶糧農家 사이에 끼인 면사무소 공무원

| 박지환 |

1. 국가, 농민, 공무원

제임스 스콧은 동남아시아의 역사적 경험을 사례로 한곳에 머물지 않고 돌아다니는 사람을 붙잡아두려는 국가와 이러한 국가의 통치에서 벗어나고자 하는 사람을 연구한 정치학자이자 인류학자이다. 그는 『조미아, 지배받지 않는 사람들』이라는 책에서 조미아-베트남의 중부고원에서 시작하여 대륙 동남아 5개국(베트남, 캄보디아, 라오스, 태국, 미얀마)과 중국 4지방(윈난성, 구이저우성, 광시성, 쓰촨성의 일부)을 가로지르며 인도 동북부까지 뻗어 있는 해발 300미터 이상의 고산지대-에서 국가의 지배를 피해 살아가는 사람들이 사용하는 다양한 기술arts을 상세하게 설명한다(스콧 2015). 그에 따르면, 이 험준한 지역에 사는 사람들은 집단의 규모를 최소화하며, 문자로 기록을 남기지 않고, 다품종 뿌리 작물을 이동식으로 경작하며 살아간다. 이것은 모두 생활의 흔적을 남기지 않기 위해 의식적으로 선택한 생활방식이다. 따라서 조미아의 "고산족"은 무지하거나 문명화가 덜 돼서가 아니라 국가에 포착되지 않기 위해, 예를 들어 과도한 세금이나 부역을 부과받지 않기 위해, 평지로부터 고산지대로 피해 위와 같은 기술을 사용해 살아가는, "자발적으로 야만화를 택한 사람들"이다.

반면, 국가는 사람들에게 잉여노동을 강제할 수 있는 정치 권력을 가진 지배자가 존재하는, 즉 소수가 다수에게 생계를 유지하는 데 필요한 것 이상의 노동을 강제하는 불평등한 권력관계로부터 생겨난 사회제도다(클라스트르 2005). 따라서 국가는 사람들에게 일을 시키고 그 산물을 수취하기 위해서 이들을 땅에 '고정'하고자 한다. 국가는 일차적으로 정기적인 호구조사를 통해 한 지역에 사는 인구 규모를 파악하고, 그곳에서 한 해에 곡식이 얼마나 생산되는지 파악하려고 한다. 이를 위해, 법률을 제정해 사람의 자유로운 이동을 제한하거나 때로는 군사력을 동원해 이동을 금지하기도 한다. 또한, 부족한 노동력을 채우기 위해 산간지대로 도망친 사람들을 붙잡아 오는 것도 국가가 사용하는 통치술statecraft 중 하나다. 제임스 스콧은 20세기 이후 국가의 영향력이 미치는 지리적, 인구학적 범위가 점점 확대되어, 조미아와 같은 공간이 더는 존재하기 어려워졌다고 아쉬워한다.

이 일기가 다루는 시공간은 19세기 말 동남아시아의 조미아와 떨어져 있지만, 이 일기에 담긴 1950년대 한국의 상황은 제임스 스콧이 묘사한 것과 근본적으로 같다. 한국전쟁을 겪으며 피폐해진 신생국가는 어떻게든 국가의 물적 기반을 안정시키기 위해 전쟁과 자연재해로 시달린 농민으로부터 가능한 많은 자원을 탈취하고자 했다(구현우·우양호 2012). 반면, 농민은 세금 부담을 줄이고자 수확량 점검을 나온 공무원과 협상을 벌이거나 언쟁을 불사했다. 나아가, 세금을 덜 내고자 수확 전에 곡식을 판매하는 입도선매立稻先賣를 감행하거나 심지어 고향인 농촌을 등지고 도시로 떠나버렸다.

삼계면사무소 직원이었던 이강운은 이처럼 약탈적인 신생국가와 궁핍한 처지에 놓인 농민 사이에 끼어있는 존재였다. 그가 기록한 일기에는 행정에 비협조적인 농민을 탓하면서도, 근본적으로는 무리한 정책을 추진하는 국가를 비판하는 하급 공무원의 태도가 잘 드러나 있다.

2. 세금과 공무원

일기에는 연부상환年賦償還과 수득세收得稅라는 단어가 반복적으로 등장한다. 연부상환은 농지개혁에 따라 농민이 분배받은 농지에 대해 매년 일정 비용을 갚는 것을 말하며, 수득세는 곡물 수확량 중 일정 비율을 내야 했던 세금을 뜻한다. 두 가지 모두 국가에 화폐가 아니라 수확한 곡물로 납부하는 현물세現物稅였다.

1949년 2월, 이승만 정부는 "소작지와 3정보 이상의 자작지 등을 정부가 매수하여 소작인, 농업노동자, 영농능력이 있는 선열 유가족, 해외로부터의 귀환동포 순으로 3정보 이내의 범위에서 유상분배"하는 농지개혁법안을 국회에 제출했다(강만길 1994: 302-304). 지주에 대한 보상 비율과 기간, 그리고 농민으로부터 토지매입 비용을 받는 비율과 기간을 두고 논의를 거친 끝에, 1950년 3월, "농지의 보상액과 상환액을 같게" 하기 위해 "농민의 상환액을 높여 평년작의 1.5배로 통일"하는 농지개혁법 개정안이 통과됐다. 농민의 상환 기간은 5년으로 정해져, 농민은 "결국 1년에 평년작의 30%를 지가로 상환"해야 했다.

한편, 한국전쟁 중이었던 1951년 9월, 이승만 정부는 임시토지수득세법을 공포했다(김소남 2002). 현물로 토지세를 거두는 제도는 농민에게 과중한 부담이 된다는 이유로, 이 법률은 국회에서 한 차례 부결됐지만, 군량미를 안정적으로 확보한다는 명분으로 결국 통과됐다. 한국전쟁 중에만 임시로 시행하기로 했던 이 법률은 전쟁 끝난 후에도 공무원 배급미를 확보하고 계속되는 인플레이션을 억제한다는 이유로 1960년 12월에 폐지될 때까지 유지됐다. 결과적으로 1950년대 정부의 양곡관리정책은 일반 매상은 중단한 채 "지가상환곡과 수득세법에 의한 현물징수 양곡으로 충당"하고 부족한 부문은 미국 등에서 원조물자로 받은 "도입양곡으로 보충"하는 식으로 시행됐다(286).

이러한 국가정책은 한국전쟁 후 인플레이션이 계속되는 가운데, 연부상환과 수득세를 현물로 내야 했던 농민층의 막대한 희생을 담보로 하는 것이었다. 따라서 이호철(1999)은 이 두 가지 제도가 1950년대 한국 농업을 파멸로 이끄는 데 결정적인 역할을 했다고 보았고, 이명휘(1992)는 국가가 농업생산물의 수급 과정 전반을 장악함으로써 대對농민 지배구조를 완성했다고 보았다. 특히, 중농 이상에게는 수득세의 수납률을 규정 세율보다 낮게 적용한 데 비해, 영세소농의 경우에는 규정 세율에 근접하거나 그 이상 내도록 함으로써, 국가는 사실상 가난한 농민을 더욱 쥐어짜 어려움에 빠뜨렸다(김소남 2002).

국가는 공무원 조직을 동원해서 1년에 두 차례 세금을 현물로 징수했다. 매년 7-8월에는 하곡수납 수득세, 11-12월에는 추곡수납 수득세와 연부상환 등을 징수했다. 예를 들어, 이강운은 "每年 되풀이 되는 夏.秋穀 收納이지만" 1955년도 "秋穀 收納에 있어서는 더욱 困難한 點이 많을" 것으로 예상했는데, "웨 그런고 하면 今年에는 例年 없든 겄이 더욱 많애가지고 種類를 들어 말하자면 收得稅와 年賦償還量을 爲始해서 貸與糧穀 社還穀 立稻先賣 一般買上 去年度 以前 收得稅 未納量 等等"을 모두 징수하고자 했기 때문이다(『삼계일기』 1955.11.7.). 이 때문에 "農村에서 生產되는 糧穀은 全量 다- 出荷해야 할 處地"였다.

그럼에도 불구하고, 1955년 12월 중순에 이미 수득세 수납 실적은 96%에 달했고, 면사무소 직원회의에서 "年賦償還量 問題"에 대해 "理論이 展開"됐지만 "如何튼 最低 目標量만은 責任을 저야 한다"고 결정되어(『삼계일기』 1955.12.13.), 면사무소 직원은 농민에게 계속해서 연부상환과 일반매입 등을 현물로 납부하도록 독려했다.

1956년 추곡수납 상황도 힘들기는 마찬가지였다. "四方 各處에서 今年은 五害가 있는 해라고까지" 했는데, 국가에서는 "肥料 代金을 糧穀으로 受納한다 하니 이겄이 第一 큰 問題"로 대두되어, "萬若에 이겄을 제대로 다 내게 된다면은 農村의 食糧 絶糧 狀態에 들어갈" 상황이었다(『삼계일기』 1956.11.12.). 그러나 크리스마스에도 면사무소의 전 직원이 출근하고 12월 31일까지 매일 마을을 방문하며 수납 사무를 거의 마무리했다.

이강운은 과도한 징세 업무에 진력이 난 듯, "肥料 代金에 對해서 아직 始作도 않은 사람이 相當數에 達하고 있을 텐데 이대로 끝을 맺어서는 않 될 겄이"지만, "그렇다고 해서 더 收納한 겄을 希望하는 바도 實은 않이지만?"이라고 토로할 정도였다(『삼계일기』 1957.1.23.).

이처럼 면사무소 직원의 입장에서도 농민에게 곡물로 세금을 내라고 독려하는 일은 "每年 되풀이하는 일"이지만 "大端히 골치 아"프고 "내는 사람이나 督勵하는 사람이나 다 같이 걱정"거리인 일이었다(『삼계일기』 1955.11.19). 세금 납부를 독려하는 일은 면사무소에서 각자가 담당하는 업무와 관계없이 해야 하는 일이었기 때문에, 정작 자신이 담당해야 하는 사무에 지장을 줄 지경이었다(『삼계일기』 1954.11.21.; 1957.7.12.). 그러나 미국에서 원조물자로 곡물이 대량으로 들어오기 전인 1950년대 중반까지 임시토지수득세가 전체 조세의 15%에서 많게는 30%에 이르렀고, 직접세 중에서 차지하는 비율도 40%-50%에 달했기 때문에(김동노 2004: 431), 정부는 공무원 조직을 총동원해 징세에 열을 올렸다.

현물 수납을 강제하는 가장 기본적인 방법은 면사무소 직원이 각자가 담당하는 마을을 돌아다니며 납부를 독려하는 것이었다. 그런 후에도 납부 실적이 저조하면 "집중 독려"를 실시했는데, 이것은 면사무소의 전 직원이 한 마을에 몰려가 집마다 방문하며 세금 납부를 독촉하는 것이었다. 농민으로서는 공무원 1명과 마을 이장에게 세금을 내라고 요구받는 것만도 부담스러웠을 텐데, 면사무소 모든 직원이 마을을 방문해 세금 납부를 독촉했으니, 얼마나 부담스러웠을지 상상할 수 있다. 이러한 사정은 1957년 7월 중순부터 8월 초순에 이뤄진 하곡 수납 과정에 잘 드러난다.

1957년 하곡 수납은 7월 6일 이장회의 때 처음 논의된 후 7월 12일부터 면사무소 직원들이 각자의 담당 마을로 납세 독려 출장을 나갔다. 그러나 7월 19일까지 두 차례 하곡 수납 공판일이 있었음에도 한 가마니도 출하되지 않았다. 왜냐하면 "지난 7日부터 始作한 비가 오늘날까지 하루도 빠진 날이 없이 繼續 흐리고 있"어 "事實上 거개의 農家에서는 打麥을 하지 못하여 食糧 問題로도 打擊을 받고 있는 處地이라 出荷할 餘暇가 없"었기 때문이다(『삼계일기』 1957.7.19.). 하지만 이날도 "午後부터 다시 出張을 나가라고 해서 全 職員은 다시 出張"을 나가지 않을 수 없었다.

급기야, 월요일에 열린 면사무소 직원회의에서는 "副面長會議 結果에 對하여 指示"가 통보됐는데, "夏穀 收納에 對하여 如何한 難關이 있다 할지라도 今月 末日까지 期必 完了하라고 하"며, "雨天도 不問하고

期於코 責任을 完遂해야 한다"는 것이었다(『삼계일기』 1957.7.22.). 결국, "面長의 主寬으로 集中 督勵를 始作하여 面長 以下 全 職員이 下三溪"로 출장 나갔고(『삼계일기』 1957.7.24.), "午前에 무서웁게 나려오든 비를 마저가며 上三溪 一帶로 夏穀 收集 集中督勵를 加하"여 "하루에 돌아다닌 7個 部落"이나 됐다(『삼계일기』 1957.7.27.). 8월 1일부터는 전 직원이 죽계리로 나가 집중 독려를 시작했는데, 다음 날까지 머무르게 되자 징세하는 공무원조차도 "적은 人員도 않이고 7, 8名이 侵[寢]食을 하게 되는 데는 참으로 未安"한 마음이 생길 정도였다(『삼계일기』 1957.8.2.).

심지어 면사무소 직원뿐만 아니라 지서支署 경찰관도 수득세와 연부상환 등의 징세 업무에 관여했다. "午後 4時 頃부터 里長 面 職員 支署 職員 合同連席會議를 開催"해 "收得稅를 비롯한 各種 收納 糧穀의 12日 共販日까지 完納할 것에 對해서 진지한 討議"했고(『삼계일기』 1955.12.7.), 실제로 산수리의 수납세 징수를 목표일까지 마칠 수 있었던 데에는 "支署 沈 主任의 活動도 相當히 컸"다(『삼계일기』 1955.12.12.). 수득세 납부가 거의 완료된 이후에도 "支署에서 多量의 年賦償還量 未納者를 出頭시켜 顚末書"를 내도록 했다(『삼계일기』 1955.12.19.). 이런 압박은 면사무소 직원이 보기에도 과도해, "一般買入"이 "只今의 形勢로 봐서 틀림없이 難關에 逢着될 氣勢가 보이는데 萬若 이겄을 强制 買入을 하게 된다면 이야말로 倭政 時 共出 以上의 慘狀이 되게 생겼다."고 토로할 정도였다(『삼계일기』 1955.12.17.).

사실 농민의 세금 부담은 수납세와 연부상환에 그치지 않았다. 농민은 면사무소 직원으로부터 추곡수납과 하곡 수납 사이의 기간에 가옥세, 호별세, 임야세 등을 납부하라고 독촉받았다. 그럼에도 면사무소

보다 상급기관에서 나오면 농민도 부담을 느낀 탓에, "面에서 督促했을 적에는 納付치 않"았던 "去年度의 蠶種 代金"을 "郡 蠶業係 職員들이 5, 6名"이 "日前에 와가지고 面內를 巡廻"해 "거이 다 徵收한 것 같"았다(『삼계일기』 1955. 5. 24.).

삼계면에 있는 경찰지서도 각종 비용 징수에서 빠지지 않았다. 추곡수매로 한창 바쁜 1955년 정초부터 지서에서 "今般 道民證 發給 關係로 오늘 里長會議를 召集"했다(『삼계일기』 1955. 1. 2.). 삼계면에는 "7,500名의 對象者가 있는데, 이 사람들은 如何한 일이 있드라도 全部 交付申請을 해야 한다"고 했다. 왜냐하면, "道民證은 必要하거나 不必要하거나 間에 카-드代만은 如何한 일이 있드래도 納付해야" 하기 때문이다. "經濟難에 허덕이는 사람들한테 道民證을 준대 해놓고 寫眞代 用紙代 手數料 合해서 勿餘[無慮] 70餘圓式이 消費되니" 도민증 발급의 목적이 "道民의 身分을 確認하기 爲한 道民證"에 있는 것이 아니라 "돈벌기 爲한 道民證이냐"라는 의심이 들 정도였다. 그런데도 경찰지서는 면장과 상의도 없이 이장회의를 소집해 "道民證을 받든지 않 받든지 間에 用紙만큼은 該當者가 全部 負擔해야 한다"고 압박했다(『삼계일기』 1955. 1. 14.). 이러한 압력은 면사무소 공무원을 통해 고스란히 지역 주민에게 전달되었을 것은 명약관화하다.

3. 농민과 각종 비용 부담

면사무소의 직원은 상부의 지시에 따라 세금을 징수한 것이지만, 농민의 입장에서는 "國家의 施策보다" 당장 집마다 방문하며 세금 납부를 독촉하는 "全 公務員에 對해서 不平을 가"질 수밖에 없었다(『삼계일기』 1954.11.19.). 추곡수납이 한창이던 1954년 11월, 이강운은 두월리에 출장을 갔다가 돌아오는 길에 "村前에서 그 마을 學生들이 나를 보고 저이들끼리 하는 말"을 우연히 듣게 됐다(『삼계일기』 1954.11.30.). 그들은 그를 두고 "또 돈 바드러 왔다간다. 支署에나 面에서는 맨 돈만 바드러 다녀. 어떨 때는 支署에서 忌避者도 잡으로 와."라고 했다. "어린아이들이 저렇게 말을 할 적에는 自己들 家庭에서"도 "事實인즉 모다 싫어하며 욕할 겄"이 뻔했다.

심지어 한 마을에 세금 징수 차 들렀을 때는 "도적놈" 취급까지 당했다(『삼계일기』 1955.5.3.). 호별세를 미납한 집을 방문에 호주戶主를 찾았으나 부인과 아이들뿐이었다. "그래서 家族더러 내라고 했드니 最後에 가서 하는 말이 저이들 마음대로 하라고 하드니 最後에는 우리들더러 도적놈들인 말까지" 내뱉었다. 이처럼, 어린아이나 아낙네의 눈에도 하급 공무원은 국가를 대리하는 고리대금업자처럼 비쳐서, 이강운 스스로도 "요새 날의 公務員은 金錢 徵收員"이라고 한탄할 지경이었다(『삼계일기』 1954.9.19.).

농민이 이렇게 느낄 수밖에 없었던 데는 세금 이외에도 부담해야 하는 비용이 많았기 때문이다. 특히, 그중에는 군과 관련된 일로부터 파생된 것도 많았다. 농민이 가장 빈번하게 납부해야 했던 것은 군대에 입대하는 장정을 환송하고 인솔하는 데 드는 비용이었다. 이강운은 삼계일기를 쓰는 기간 내내 징병 업무를 담당했다. 삼계면에 할당된 장정을 인솔해서 임실군을 거쳐 전주나 남원까지 가서 신병훈련대에 인계하는 것이 그의 주된 업무였다. 당시는 교통이 불편해 이렇게 장정을 인솔하고 돌아오는 데만 최소 2박 3일이 걸렸다.

따라서 임실과 전주 혹은 남원에서 하루씩 머무는 데 드는 숙박비, 이곳까지 이동하는 데 드는 여비, 그리고 징집 대상자를 위한 교통비, 식비와 술값, 게다가 삼계면과 임실군에서 열리는 장정 환송회 비용까지. 이 비용 중 일부는 국가의 보조금으로 충당했지만, 국가 보조금은 이 모든 비용을 감당하기에는 턱없이 부족했다. 마을, 그리고 입대 장정 가족의 입장에서는 건장한 남성 한 명의 노동력을 상실하는 것일 뿐만 아니라 그를 입대시키는 데도 비용을 조달해야 해 적잖이 부담됐다. 따라서, 징병업무를 맡은 이강운으로서는 징집영장이 나올 때마다 무엇보다 경비 걱정이 앞설 수밖에 없었고(『삼계일기』 1954.7.22.; 1954.10.22.), "里長會議"에서 "今般의 經費 關係를 力說하고 또 事情하다시피" 해야 했다(『삼계일기』 1954.7.23.).

물론 국가가 징집에 드는 비용을 전적으로 국민에게 떠넘긴 것은 아니었으나, 국가가 지급하는 보조금은 턱없이 부족했고 제때 지급되지도 않았다. "上部의 指示는 經費에 대해서는 一切 民 負擔을 식히지 말고 道에서 나온 補助金으로서 充當하라"는 것이지만, "下部에서 일하는 者"가 보기에는 "四割 程度박게 되지 않은 補助金을 가지고 어   게 하라는 말인지 도저히 理解難"이었다(『삼계일기』 1954.12.2.). 결국 국가는 "民幣[弊] 根絶하라"고 하지만 "一人當 200圓式의 補助金으로서 執行하라고 하니 到底히 可能이 없는 일"이라 "最後에 가서는 별수 없이 戶當 10圓式 補助받기로 했다."(『삼계일기』 1956.1.27.).

그 밖에도 군인유족회는 면사무소로 입대 장정 환송행사용으로 깃발을 만들어 보내고 비용을 요구했다. "入隊壯丁 祝旗普及"이라는 명목으로 "祝旗가 29枚가 配當"되어 "別 道理없이 各 里에 1枚式과 面, 支署, 學校用으로 各各 一枚式 配當"했다(『삼계일기』 1956.1.19.). 그 비용이 "枚當 無慮 1,200圓式"이나 됐는데, "아무리 軍人遺族會에서 하는 일이라 할지라도 過度한 額을 徵收하고 있다."고 하지 않을 수 없었다. 임실군 상이용사회傷痍勇士會는 "去般 配付한 國旗代"를 내놓으라고 하거나(『삼계일기』 1954.9.19.), "軍警援護會費 徵收 次 出張을 나와가지고 部落에 巡廻"했다(『삼계일기』 1957.3.4.). 한국전쟁으로 인해 국민이 입은 피해를 국가가 제대로 보상해주지 못하자, 각각의 이해당사자가 공권력을 등에 업고 각종 비용을 무리하게 청구했던 셈이다. 무능력한 국가 탓에, 살기 힘든 국민끼리 서로 착취하며 살 수밖에 없었다.

끝으로, 삼계면의 유일한 학교인 삼계국민학교에 교실을 증설하는 비용도 국가가 책임지지 않고 마을주민들이 분담해야 했는데, 자금 사정이 여의치 않아 5개의 교실을 늘리려다가 3개만 증설하는 것으로 계획을 변경해야 했다(『삼계일기』 1955.12.4.). 당시에도 초등교육은 의무교육이었지만, 학급 증설 비용까지 마을에서 부담해야 했던 데서 1950년대 당시 국가의 실상을 짐작할 수 있다. 농민으로부터 양곡을 징수해 가는 데 급급할 뿐, 정작 국가가 다해야 하는 기본적인 의무는 제대로 수행하지 못했다.

이처럼 국가가 국민에게 생활의 안전을 보장하는 역할을 제대로 수행하지 못함에도 불구하고, 일기에 농민이 적극적으로 저항하는 모습은 드러나지 않는다. 대신 제임스 스콧이 다룬 동남아시아의 농민들이 그랬던 것처럼, 합리적인 수단과 상징적인 방법을 동원해 저항했다(스콧 2004). 농민에게 가장 부담이 됐던 수득세는 평년작을 기준으로 누진세율에 따라 납부하도록 되어있었으므로, 세무서와 면사무소 담당 직원이 작황을 조사한 후 수득세를 책정했다. 따라서 농민의 처지에서는 수확량을 적게 평가받아야 세금을 줄일 수 있었다. 1956년에는 수해水害 등이 심해 수득세 부과 전에 면面 농지위원회에서 수확량 조사를 나갔는데, "稅務當局에서 收得稅 조금이라도 더 내게코름 努力"하는 반면, "民들은 나락 한 톨이라도 덜 내볼가 하고 갖인 手段과 方法"을 동원했다(『삼계일기』 1956.10.16.).

농민 중에는 누진세율의 적용을 피하고자 술수를 쓰기도 했다. 본래 "이 累進率이란 것이 可장 理想的이며 細農層을 爲하여서는 合理的인 問題"이지만, 중농 이상인 사람 중에는 "이젔은 미끼로 一個[介] 農家가 3, 4戶로 分割을 해가지고 累進率의 適用을 않받으려고 가진 手段과 方法을 다-쓰고" 있었다(『삼계일기』 1955.11.18.). 따라서 이강운도 "하루速히 收得稅法이 癈止되지 않은 限 公務員은 懲役 가기 좋을 만하고 對象者는 妙案을 써서 脫稅하기 좋게만 되여 있다."고 한탄할 정도였다(『삼계일기』 1956.6.28.).

분할 할 만큼 토지를 소유하지 못한 농민들도 온갖 핑계를 둘러대며 추곡, 하곡 납부를 지연하거나 최대한 적게 내고자 애를 썼다. 예를 들어, 이강운이 산수리에 추곡수납을 독려하러 이장과 함께 개별 방문을 했는데, 농민들은 "農村生産이여야 할 가마니 같은 젔을 처서 할 생각을 않고 買入해서 할 생각"이라며 "거개가 다 가마니가 없다는 理由"로 출하를 못한다고 둘러댔다(『삼계일기』 1954.11.24.). 또한, 설령 출하하더라도 "게나마도 斤數가 不足하고 나락이 좋지도 않은 젔을 모자란 젔은 借用해서 넣어가지고 게우 入庫"시킬 뿐이었다(『삼계일기』 1955.12.3.). 이것은 명백히 납세의 의무를 성실하게 이행하지 않는 행위였지만, 국가의 저곡가정책 탓에 1950년대 내내 정부의 수매가격이 시장가격의 최저 39%에서 최고 80%에 불과했으므로(김동노 2004: 436), 농민의 입장에서는 큰 손해를 감수하며 기꺼이 세금을 낼 마음이

들지 않는 것이 당연했다.

한편, 농민은 개별적으로 납세를 지연하거나 불성실하게 이행하는 한편, 공동으로 납세의 부담을 나눠서 지기도 했다. 추곡수납이 막 시작되던 시점에 이강운이 살던 "90餘戶 大村"인 삼계리에서는 "部落會議"가 열렸다(『삼계일기』 1955.11.29.). "要는 今年度 秋穀 收得稅를 告知書 그대로 施行할 것이냐? 不然이면 總 數字를 가지고 里內에서 適當히 割當할 것이냐?"였다. "이 두 가지 問題로서 論議가 되였는데 結局 割當하자는 데 合意를 보았다."

수득세는 기본적으로 토지에 부과되는 재산세와 미곡 수확량에 부여되는 소득세의 성격이 있어서 개인이 부담해야 하지만, 마을 단위에서 할당된 총량을 적절히 나눠 납부하기로 한 것이다. 추가적인 자료가 부족해서 이러한 납부 방식이 영세농에게 유리했는지 중농 이상인 세대에 유리했는지 판단하기 어렵다. 다만 각 마을은 "어떻게 해서든지 賦課가 되지 않게만 할 作定인 模樣"이었다는 데서도 드러나듯(『삼계일기』 1956.6.28.), 수득세 납부를 마을 단위에서 해결하고자 한 움직임이 있었다고 할 수 있다.

4. 공무원의 입장

사실 이강운의 경제적 형편도 세금 납부를 지연하고 회피하려는 농민과 별반 다르지 않았다. 면의 재정 상황이 여의치 않아 급료는 수개월에 한 번씩 받는 게 고작이었다. 따라서, 그사이에 밀린 채무를 갚고 나면 실제로 손에 쥘 수 있는 돈은 얼마 되지 않았다. 예를 들어, 1957년 1

월에는 "名色 俸給이라고 해서 4個月分을 받었으나 이래 깨이고 저리 제아리고 겨우 찾는다는 게 4,460圓뿐"이었다(『삼계일기』 1957.1.23.).

결국, 춘궁기에는 농민과 마찬가지로 경제적 어려움을 피할 길이 없어, "食糧이 떠러지고 나무도 없고 그런가 하면 經濟的인 面에 있어 困難과 打擊을 받았다"(『삼계일기』 1956.3.5.). 틈틈이 산에 나무를 하러 가야 연료비라도 절약하려고 애썼지만, 사정이 여의치 않았다. "月給은 몇 달間을 支拂해 주지도 않고 있으며 債務는 많고 燃料 問題로도 大端히 苦痛이 많다. 그래도 今年에는 [나무를] 相當히 많이 해서 補充이 되였는데 經濟的의 시달림은 如前"했다(『삼계일기』 1957.1.13.).

그나마 이강운의 사정이 농민보다 조금 나았던 것은 급료 이외에 (역시 제때 나오는 일은 없었지만) 공무원 배급미라는 명목으로 쌀, 잡곡, 밀가루 등을 받을 수 있었던 덕분이었다. 1957년 6월에는 "3, 4月分 公務員 糧穀"을 받았는데, "事實인즉 俸給이라고 해서 數個月만에 얼마식 주는 것보다 糧穀으로 이렇게 주는 것이 훨신 좋다."며 "末端 公務員들은 여기에다 趣味를 붙이고 事務 執行을 한다고 하여도 그리 큰 過言을 않일 것"이라고 말할 정도였다(『삼계일기』 1957.6.26.). 그러나 이웃 중에는 쌀이 떨어진 가족도 있다는 것을 잘 알고 있어서 이마저도 마음 편히 받지 못했다. 1957년 1-2월분 "公務員 糧穀"이 5월에 지급되어 "그것만 가저와도 마음이 든든한 바 있으나 이웃에 있는 분들이 絶糧이 되여서 가저와도 事實인즉 困難"했다고 토로했다(『삼계일기』 1957.5.12.).

이처럼 이강운 자신도 경제적으로 여유롭지 않았고 주민의 어려운 형편을 잘 알고 있었기 때문에, 기본적으로는 주민의 입장에 동정적인 태도를 취했다. 물론 징병 업무를 수행해야 공무원으로서 장정 인솔경비 문제로 이장과 언쟁을 벌이기도 했고(『삼계일기』 1954.5.26.), 농지개혁으로 매입한 토지 대금을 내지 않은 사람 중에 "現物이 없어서 내지 못한 農家에 對해서는 考慮의 餘地가 있겠만 現物을 두고도 내지 않는 分者는 依法 措置해야 한다."며 단호한 입장을 취했다(『삼계일기』 1956.2.2.). 한번은 "現在 國民學校 校長의 職에 있는 분이요 自己의 妻는 前에 本面 財務係長을 歷任한 분들"과 같은 사람이 납세를 거부하자, "國稅는 稅務署 職員이 나오니가 納付하고서 附加稅만 未納하고 있으니 그의 心理를 可히 알 수 있다."라며 "요새날의 農村의 有志들의 하는 行爲"를 비꼬기도 했다(『삼계일기』 1955.6.3.).

그러나 형편이 어려운 일반 농민의 사정을 이해하며 납세의 의무를 강조하기보다는 오히려 정부의 정책에 대해 비판적인 견해를 피력하는 경우가 더 많았다. "收得稅와 年賦償還量을 爲始해서 貸與糧穀 社還穀 立稻先賣 一般買上 去年度 以前 收得稅 未納量 等等"을 추곡 수납 때 모두 현물로 거두는 정부 정책 때문에 "農民은 한 사람 두 사람식 自己의 生活의 本據地인 農土와 집을 버리고 都市로 都市集中"이 발생한다고 보았다(『삼계일기』 1955.11.7.). 또한, 임실군청 "職員 二名이 3日 前부터 赤十字會費 徵收 次 出張을 와 가지고 오늘은 上郡해야 하겠다고 야단법석"을 부렸을 때는 국가행정의 무계획성에 대해 신랄하게 비판했다(『삼계일기』 1956.4.16.). "이러한 會費도 기왕 徵收할려면 秋收節에나 그러치 않으며 2, 3個月 前에 計劃을 세워서 할 일이지 이 春窮期에 絶糧農家가 續出하고 있는 이때에 10餘日間의 餘有를 주면서 期限內 完納치 않는다고 이 야단을 치고 있으니" 당장 먹고 살길이 막막한 농민으로서는 "주머니 속에 돈을 재여놓고 쓰지 않는 以上 어찌할 수 없는 일"이라고 농민의 입장을 두둔했다.

이강운은 하급 공무원으로서 상급자의 지시를 불이행하기 쉽지 않았을 테지만 때때로 그렇게 하기도 했다. 그가 가장 빈번히 한 행동은 상급자의 출장 지시를 따르지 않는 것이었다. 예를 들어, 1957년 7월에도 "來日 收納日이라고 해서 午後부터 出張을 나가라"고 했으나, "누구나가 다- 알 수 있는 요새의 暴雨로 因해서 打麥이나 乾繰[燥]가 아직 멀었을 것인데 無條件하고 出張만 가라고 하면 困難한 일"이며, "來日의 共販日에 夏穀 出荷될 理는 萬無하고 安心하고 집에 와서 낮잠만 실컨 잣다."(『삼계일기』 1957.7.12.).

그가 더 적극적으로 행동한 것은 부임한 지 1년이 채 지나지 않은 "面長"이 "4286年度[1953년도]의 兵務協會費를 完徵하라"고 했을 때였다(『삼계일기』 1957.1.15.). 4년 전의 것을 새삼스럽게 징수하려고 하더라도 받을 수 있을 것 같지 않아, 면장을 설득해서 서류상으로만 처리하기도 했다. "其間 數次 面長任에게 말도 해보았지만 結局 未決로 남어서 이제까지 그대로 밀처 두었다가 日前에 面長에게 다시 相議를 해가지고 承諾을 얻어서 書類만이라도 完全히 結末을 지여버렸다."(『삼계일기』 1957.2.20.).

농민의 처지를 이해하는 태도는 이강운 개인의 입장만은 아니었던 것으로 보인다. 본래 1956년 8월 8일에 지방자치선거 때 면장과 면의회 의원이 새로 선출되어야 했지만, 삼계면에서는 이때 면의회 의원 선거만 열렸다. 왜냐하면, 삼계면에서는 1956년 1월 30일에 면장 보궐선거가 이미 열렸기 때문이었다. 보궐선거가 열린 까닭은 1954년에 토지수득세 사건으로 인해 3년간 일해온 면장이 책임을 지고 사표를 제출했기 때문이다.

일기가 1954년 5월 1일부터 작성되어 그 이전에 일어난 것으로 보이는 이 사건의 경위는 자세하게 파악할 수 없다. 그러나 1953년 가을부터 이어진 추곡수납 때 면장이 수득세 감면을 지시한 것으로 보인다. 이에 대해, 이강운은 "個人의 私慾을 채우기 위해서 收得稅를 減免한 겄도 않이요 다-만 面民의 過重한 負擔을 덜기 위해서 한 處事이겄만 最後의 責任은 面長이 單獨지고야 말었다."고 설명하고 있기 때문이다(『삼계일기』 1956.1.23.). 한국전쟁이 막 끝난 해 가을 추수 때 면의 책임자로서도 무리하게 현물을 징수하는 것은 불합리하다고 생각했던 것처럼 보인다.

물론 국가도 농민을 일방적으로 수탈하기만 한 것은 아니었으며 때때로 구호 노력을 전개하기도 했다. 예를 들어, 1954년 9월 19일과 1957년 4월 16일 일기에는 주민들에게 구호식량을 배급했다고 기록되어 있다. 1957년 4월에 배급된 것은 "外國 民間人 救護團體로부터 配當 나온 救護糧穀"으로 "本面에만 하여서도 900餘袋가 나"와 "各部落에 가서 直接 個人別 割當을 해서 配給하고 돌아"왔다(『삼계일기』 1957.4.16.). 춘궁기를 어떻게든 넘겨야 하는 농민의 처지에서는 "事實上 救護糧이라고 나온 것이 아주 形便 없"었지만, "그나마도 갖어가겠다고 아우성"을 칠 수밖에 없었다(『삼계일기』 1957.6.13.).

그러나 애초에 농민에게서 곡식을 빼앗았다가 구호 식량을 채워주는 국가의 행태 자체가 대단히 모순적이라고 비판해야 마땅하다. 1950년대 한국 정부는 기본적으로 "자율성은 있지만 능력은 없는 약탈국가"였다(구현우·우양호 2012: 269). 행정조직과 경찰조직까지 동원해서 농민으로부터 잉여를 수취했지만, 이에 상응하는 적절한 행정 서비스를 제공할 능력은 부족했다. 즉, 국민 위에 군림할 뿐 제대로 통치할 능력이 없었던 것이 1950년대 대한민국의 실상이었다.

그러므로 이처럼 자율적이지만 무능력한 국가의 말단에 위치한 행정조직인 면사무소의 공무원은 국가와 농민 사이에 끼인 존재였다. 공무원으로서 국가가 지시하는 여러 가지 직무를 수행해야 했지만, 동시에 농촌에 사는 주민이자 국민으로서 국가의 부당한 지시에 의문을 품지 않을 수 없었다. 따라서 이강운은 무리하게 행정력을 발동하기보다는 태만을 부리고 농민의 처지에 공감하며 때로는 국가의 어처구니없는 정책을 비판하고 소극적으로 저항하기도 했다.

| 참고문헌 |

강만길. 1994.『고쳐 쓴 한국현대사』. 창작과비평사.

구현우·우양호. 2012. "1950년대, 약탈국가론, 그리고 연속과 단절: 경제적 자원에 대한 국가의 통제권을 중심으로".『행정논총』50(1): 243-277.

김동노. 2004. "1950년대 국가의 농업정책과 농촌 계급구조의 재구성". 문정인·김세중 공편.『1950년대 한국사의 재조명』. 도서출판 선인. 423-457쪽.

김소남. 2002. "1950년대 임시토지수득세법의 시행과정 연구".『역사와 현실』43: 279-311.

스콧, 제임스. 김춘동 옮김. 2004.『농민의 도덕경제』. 아카넷.

스콧, 제임스. 이상국 옮김. 2015.『조미아, 지배받지 않는 사람들』. 삼천리.

이명휘. 1992. "1950년대 농가경제분석".『경제사학』16: 145-197.

이호철. 1999. "임시토지수득세 부과".『농정반세기 증언-한국농정50년사 별책』. 한국농촌경제연구원.

클라스트르, 피에르. 홍성흡 옮김. 2005.『국가에 대항하는 사회』. 이학사.

1950년대의 징집 제도와 농촌 주민의 병역 인식

| 이성호 |

1. 삼계면 병사계 직원의 병무행정 업무

앞 장에서 이미 정리한 바와 같이 이강운은 일기를 쓰는 기간 내내 삼계면에서 병사담당 직원으로 일했다. 해방 직후부터 한국 사회에서는 병역제도에 관한 논의가 활발하게 진행되었고, 이를 기반으로 1949년 8월 징병제를 기반으로 하는 병역법을 제정·공포하였다. 그러나 그 후 몇 년 동안 여러 가지 사정으로 징병제를 실시하지 못하였다. 그러다가 1952년에 비로소 징병제 실시를 선언하였고, 그나마 완전한 징병제의 실시는 1955년에 와서야 가능해졌다. 그러므로 이강운이 일기로 기록을 남긴 1954년부터 1957년까지는 한국사회에서 징병제가 실시되기 시작한 초기로, 그 과정에서 여러 가지 문제점이 드러나고, 시행착오를 겪으면서 자리 잡아 가던 시기였다.

이강운이 일기를 쓰기로 결심한 첫날인 1954년 5월 1일, 그의 첫 일과는 재향군인수첩을 군청에 올려보내기 위해서 임실군청을 방문하는 일이었다. 삼계면 병사계 직원으로서 그의 업무의 대부분은 징집과 소집, 제대, 징집연기 등, 삼계면 청년의 군복무 관계 일을 맡아서 처리하는 것이었다. 이 업무가 그가 가장 시간을 많이 들이는 일이었을 뿐 아니라 가장 중요한 일이기도 했다. 그래서 병무관계 업무가 있을 때, 그는 다른 모든 일을 제쳐두고 이 일에 매달렸고, 다른 면 직원들이 이 점에 이의를 제기하지 않았다.

5·16 군사쿠데타 이후 1962년 병역법이 개정되어 지방병무청이 신설되었다. 이때부터 병역업무는 국방부가 전담하게 되었다. 그전까지는 병역업무를 내무부와 국방부가 나누어 담당하는 이원체제로 운영되었다. 즉 국방부가 병무행정을 총괄하고, 내무부 지방국이 징집업무를 그리고 치안국이 소집업무를 담당하였다. 이강운이 병무담당 직원으로 삼계면에서 담당하던 업무는 내무부 지방국 소관의 징집업무였다. 국방부에서 영장이 하달되면 임실군을 통해서 삼계면에 전달되고, 이강운은 삼계면 관내의 입영대상자들에게 영장을 전달하고, 정해진 날 입영대상자들을 모이게 하여 임실군까지 인솔하는 것이 그의 주요 업무였다. 그리고 소집업무는 치안국, 즉 경찰의 업무였다.

즉 이강운의 업무는 삼계면 징집대상자 명단을 작성해서 군에 보고하고, 이들에 대해 영장이 하달되어 내려오면 이것을 징집대상자들에게 전달하고 정해진 날짜에 모이게 하는 것까지였다. 그리고 정해진 날짜에 이들을 소집해서 군부대로 인솔하는 것은 치안국, 즉 삼계지서의 업무였다. 그러나 말단 행정지역인 면 단위에서 이 업무는 명확하게 구분되지 않았다. 힘없는 면 말단직원이 경찰의 업무까지 떠안아야 했고, 가끔 지서로부터 업무 지시를 받기도 했다. 각 면의 징집대상자들은 정해진 날짜에 군에 집결하여, 함께 전주나 남원으로 가서 서전사(서남지구전투사령부)에 인계되었다. 이 업무는 경찰의 일이었지만, 대부분 각 면의 병사담당 직원이 함께 이동하였다.

1954년 10월 1일부터 10월 14일까지 이강운이 담당했던 병사업무를 일기에 기록된 순서대로 간단히 정리해보자. 국방부(전라북도는 서남지구전투사령부 관할 지역)에서 임실군 징집계획이 하달되면 임실군에서 영장 명부를 작성하고, 이것이 각 면으로 전달한다. 이강운은 삼계면 내 각 지역을 개별 방문하여 입영대상자에게 영장을 교부한다. 그리고 징집에 소요되는 경비를 마을별로 할당하여 이장들을 통해서 갹출한다. 징집대상자 중 병역법에 따라 입영을 면제받거나 연기 사유가 있는 신청자들의 연기신청서를 작성하여 임실군 병사계와 임실경찰서 병사계에 제출한다. 소집일에는 면에서 면과 지서, 학교 합동으로 환송회(장정회, 壯丁會)를 개최하는데, 여기에 필요한 준비물(다과 어깨띠, 현수막, 표어 등)을 미리 준비하고, 행사 장소와 학생 동원을 학교와 협의한다. 장정회가 끝나면 입영장정을 임실군으로 인솔하고 가서 하루를 숙박하고, 다음날 다시 임실군 장정회를 치른다. 그리고 임실역으로 가서 기차를 이용해서 임실군 입영대상자 전체가 전주(또는 남원)으로 이동하여, 다시 하루를 숙박한다. 다음날 전주 공설운동장(또는 남원 광한루)에서 전라북도 장정회 행사를 치른 뒤, 서남지구전투사령부(서전사) 보충대에 장정을 인계하는 것으로 이강운의 병사업무는 마무리되었다. 그 외에 병역 기피자 명부를 작성해서 보고하고, 지서 직원과 함께 기피자를 방문하여 설득하고 검거하는 일은 수시로 이루어졌다.

2. 징집과 농촌 청년들의 사정

1949년 8월 6일, 법률 제41호로 국민개병제에 기초한 「병역법」이 제정되었지만, 징집은 이루어지지 않았다. 특히 전쟁이 발발하면서 법률에 기초한 징집은 거의 무산되다시피 했다. 전쟁이 어느 정도 소강상태에 들어간 1952년 징병제 실시에 대한 정부의 발표로 징집이 시작될 수 있었지만, '국민개병제'에 대한 사회적 인식과 공감대가 형성되어 있지 않았다. 따라서 사람들은 병역이 국민의 의미라고 생각하지 않았다. 전쟁 직후 사회적으로 식량이 턱없이 부족했고, 대부분의 사람들이 기아 수준의 빈곤에 시달리고 있었다. 징집은 젊은 노동력을 일정 기간 가족과 분리시키는 것을 의미했으므로, 빈곤 가족에게는 소득의 단절, 생계의 위기를 의미했다. 한편 전쟁을 경험하면서 군 복무에 대한 공포심도 만연해있었다. 실제로 당시 입영자의 경우, 군 복무 기간은 법률이 정해진 3년을 넘기기 일쑤였고, 이것이 사회문제가 되기도 했다. 이러한 이유로 징집에 응하지 않는 기피자 비중이 오늘날에 비하면 엄청나게 높은 수준이었다. 병무청 자료에 의하면 1950년대 전 기간 동안 병역 기피율은 전체 징집대상자의 20% 수준을 웃돌았다. 그러나 실제로는 이보다 더 많았을 것으로 추정된다.

이러한 이유로 징병제 실시와 동시에 병역 기피자에 대한 단속도 시작되었다. 1953년 기피자 단속 대상자를 보면, "연령을 속인 자, 허위 기류자(주소를 속이는 행위), 해외 도피자, 제대증 위조, 신체 자상자, 호적을 옮기는 행위, 신분증 위조, 각 직장 병사행정 참고명부 악용자, 제대군인증 소정 수속 미필자, 불법 여행자, 신체검사 불응자, 징집·소집·노무동원·점호 불응자" 등으로 명시되어 있다. 그런데 병역법 내용 중에는 병역 연기 및 면제 대상자들이 이미 명시되어 있었다. 1949년 제정된 병역법에는 가족의 생계유지 등의 경제적 사유와 해외 체류, 선원 등 병역에 응할 수 없는 물리적 이유로 인한 징집연기 대상자가 지정되어 있었다. 그리고 1950년 병역법 시행령이 공포된 직후, 대통령령으로 학생(중·고등학교, 사범학교, 대학교, 초급대학교, 초중등 교사양성소)을 징집연기 대상자로 지정했다. 이 때문에 전쟁 중에도 재학 중인 학생은 합법적으로 군 복무를 피할 수 있었다. 특히 전쟁 발발 직후인 1950년 7월 국방부는 기간요원 및 기술요원 등의 소집 연기를 지정한 규정을 만들어 시행했다.

이와 같이 병역법 자체가 안고 있는 빈틈으로 인해 병역문제는 사회문제로 발전하게 되었다. 즉 사회의 특권층, 지배층은 합법적으로 병역을 피해가고, 기피자로 단속 대상자가 되는 것은 서민, 빈곤층뿐이라는 사회적 인식이 확산된 것이다. 실제로 사회의 특권층은 관청이나 기업의 직원으로 등록해서 후방요원으로 병역을 면제받기도 하고, 뇌물 공여나 서류 위조를 기피의 방법으로 활용하기도 했다. 또 취학, 유학 등을 통해서 합법적으로 병역을 피해가기도 했다. 이렇게 진학이 병역 기피의 수단으로 활용하기도 해서, 1950년대에 대학은 병역기피소라는 오명을 얻기도 했다(윤종형 1957).

반면 빈곤층이나 농촌의 청년들이 징집을 피할 방법은 훨씬 물리적인 수단밖에는 없었다. 도피, 불응, 그리고 자해 등이었다. 특히 자해는 주로 오른손 검지를 절단하는 것이었는데, 이 방법은 농촌 빈곤층 청년들이 군대에 가지 않기 위해 선택하는 최종 수단이었던 것으로 보인다. 예를 들어 1953년의 신문 기사에 "경남 창녕, 밀양, 양산 등 3개 군의 징집면제자 가운데 불구자로 판명된 80명 중 무려 50명이 오른손 검지를 작두로 단지하여 고의적으로 징집을 기피한 것"이라고 보도되기도 했다(동아일보 1953.1.30.).

이렇듯 병역을 회피하는 방법에도 계급·계층별 차이가 생겨났다. 특권층은 합법적으로 병역을 면제받고, 경찰의 기피자 단속은 힘없는 서민층만을 대상으로 한다는 불만이 1950년대 중반부터 커지기 시작했다. 이를 무마하기 위해서 정부는 길거리 검문 단속을 하지 않겠다거나 단속보다 계도와 자수를 설득하는 데 집중하겠다거나 하는 방안을 내놓았으나, 실제로 단속은 수시로 이루어졌다. 도시에서는 길거리 검문·검색이 주로 이루어졌고, 농촌에서는 경찰과 군, 면 공무원이 마을을 방문하면서 단속하였다.

3. 병역에 대한 삼계면 주민들의 인식

징집영장을 대하는 농촌 주민들의 태도는 일단 피할 방법을 찾는 것이다. 공직에 근무하거나, 인맥이 넓은 친지, 친구, 친척을 찾아 군대에 가지 않을 수 있도록 손을 써달라고 부탁하는 것이 징집영장을 받은 당사자나 가족이 가장 먼저 생각할 수 있는 일이었다. 군입대를 피하려는 태도는 농촌의 빈곤과 전쟁 경험을 통해서 체득한 공포 등이 원인이겠지만, 다른 한편으로 권력을 통해서 병역을 면제받을 수 있다는 인식 때문이기도 한 것으로 보인다. 이 과정에서 가장 먼저, 그리고 가장 빈번하게 청탁을 받는 사람은 말할 필요도 없이 면사무소의 병사 담당자였다. 이강운도 "영장을 받았다고(하면서) 적당히 하여서 입대치 않게 해달라고"(『삼계일기』 1954.5.3.) 청탁받는 일이 잦았다. 그러나 『삼계일기』의 내용으로 보아 이러한 노력의 대부분은 성공하지 못했다.

병역 연기 사유가 있는 징집대상자의 연기신청서를 작성해서 제출하는 것도 면 병사담당 직원의 일이었다. 면에서 연기신청을 받아 신청서를 작성해서 임실군에 제출하면, 임실군에서는 다시 그것을 군(서전사)에 제출하고 입영 당일 서전사에서 연기신청에 대한 가부 결정을 통보했다. 면에서 법적 사유로 연기신청서를 제출한 입영대상자의 연기 여부가 결정되는 순간의 긴장감을 『일기』에서는 아래와 같이 표현하고 있다.

> (전주공설운동장에서) 新兵補充隊에서 引受官이 왔다. 거기서 第一 먼저 法條 可決者를 呼名하고 그다음에 正教師 學生 등 有事故者를 불러내는데 法條 可決者 부를 적에는 大端히 마음이 조리였었는데 多幸히도 二名 다 可決되여서 氣分이 좋았다. 萬若 거기서 틀렸드라면 大端히 立場 困難했을 겄인데 千萬多幸한 일이다(『삼계일기』 1954.10.14.).

또한 병역법 제19조에는 가족의 경제적 사유로 인한 제대(이른바 의가사제대)에 대해 명시해 놓고 있었다. 이미 입대한 가족에 대해서, 병역법 제19조에 의한 "제대신청서를 작성해달라"(『삼계일기』 1955.3.24.)는 요청도 적지 않았다. 이것을 작성해주는 것도 이강운의 주요 업무였다.

병역을 연기할 수 있는 적당한 사유가 없는 경우, 징집대상자는 소집에 응할 것인가, 불응하고 병역을 기피할 것인가를 선택해야 했다. 1950년대 전 기간 동안 병역 기피율이 전체 대상자의 20%를 넘었지만, 시간이 흐르면서 점차 병역을 기피하는 비율이 낮아졌다. 『삼계일기』의 기록에 의하면 삼계면에서도 시간이 지나면서 이러한 변화가 눈에 띄게 나타나고 있다. 즉 1954년 7월 25일 일기에는 "출발하려고 인원파악을 하는데 총 하령자 40명 중 21명 집결에 기피입대자라고 해서 2명 이것뿐이었다"고 기록되어 있다. 영장 교부자 40명 중의 21명이 징집에 응했다. 그와 별도로 기존 기피자 23명에게 영장을 교부했는데, 그 중 2명만이 소집에 응했다. 계산해보면, 이날 삼계면 징집 대상자의 기피율은 무려 63.5%에 달한다. 그런데 2년 후인 1956년 2월 13일 일기에는 29명이 영장을 받았는데, 이 중 28명이 모였다고 기록되어 있다.

『삼계일기』에 등장하는 병역기피 유형은 대체로 도피, 거부, 자해, 징집·소집 불응, 연기 등이다. 『삼계일기』에 기록된 기피 내용을 간단히 정리해보면, 자기 손을 낫으로 베기도 하고, 약 2년 동안 숨어서 병역을 기피하다가 자진 신고를 하고 학교에 등록해서 합법적으로 병역을 연기한 이강운의 동창도 있다. 본인은 나타나지 않고, 가족은 완강하게 영장 수령을 거부하는 사례는 제법 잦았다. 이밖에 가정 사정으로 징집연기 신청을 하기도 하고(『삼계일기』 1956.5.23.), 재학생 입영 연기원을 제출하기도 하였다(『삼계일기』 1956.12.1.). 그리고 재학생 입영연기 사례가 적지 않게 나타나고 있다.

> 勞務者 中 新亭里 사람 하나는 자기의 손을 낫으로 베였다는 말을 들엇는데 아무리 가기가 싫다 한들 그와 같은 일을 할까(『삼계일기』 1954.7.24.).

> 德鷄里 李鍾滿이를 맛났다. 이 사람은 나와 國民學校때부터 親友인데 不幸히도 兵役關係로 約 二 年間 隱身했기 때문에 二 年만에 맛났다. 그러다 今般에 登錄을 하고 身體檢査를 한 後 槧樹商高에 入學하여 在學 中임으로 이제는 活潑히 다니므로 이제야 만나게 된 것이다(『삼계일기』 1954.11.22.).

> (新亭里) 令狀을 交付하러 갔드니 德奉이 本人은 없고 家族만이 있는데 基 事由를 말하면서 令狀을 受領하라니가 自己 어머니와 妻는 令狀受領을 못하겠다 强硬히 拒否한다(『삼계일기』 1954. 12. 3.).

> 斗月里 里長이 와서 今般 下令者가 現在 집에 없다고 해서 本人의 父를 오래고 했드니 자기 아버지가 와서 하는 말이 아들의 行方을 모르겠다고 하고 있다(『삼계일기』 1954. 12. 4.).

여기에서 간단히 사족 하나 덧붙이기로 하자. 오늘날 임실군 삼계면은 '박사골'이라는 이름으로 더 잘 알려져 있다. 전국적으로 세 곳의 박사마을이 유명한데(춘천시 서면 방동리, 경북 예천군 호명면, 그리고 임실군 삼계면), 정확히 확인된 것은 아니지만 삼계면이 전국 면 단위에서 가장 많은 박사를 배출한 곳이라 한다. 삼계면의 세심리 박사마을 전시관에는 2018년 현재 삼계면에서 배출된 박사는 165명이라고 기록되어 있다. 그리고 삼계면 2호 박사(1호 박사는 일제강점기 일본유학생이었다)가 1960년대 초반에 학위를 받았다. 이것이 1950년대 삼계면 주민과 청년의 병역에 관한 인식과 어떤 관계가 있을지 알 수 없지만, 아마도 당시 재학생 입영연기 혜택을 많이 받은 곳이라는 점도 분명하다. 이것이 삼계면 또는 당시의 한국 농촌사회의 어떤 특성 또는 심성을 보여주는 것일까?

한편 1950년대 후반 이후 병역제도가 점차 정착되면서, 특권층의 병역 면제가 사회문제가 되기 시작하였다. 특권 지배층은 이런저런 사유로 합법적으로 병역의무를 피해가고, 힘없고 가난한 사람들은 단속을 당하고 범법자가 되느냐는 것이 불만의 핵심이었다. 그러자 정부는 과거 신체검사에서 병역을 면제 등급을 받은 사람들을 재검하겠다고 발표했다.

병역 비리에 대한 국민적 불만을 누그러뜨리기 위한 작업 지시가 임실군까지 하달되어, 1957년 4월 하순에 임실경찰서 병사계 경찰이 "과거에 (병역면제등급인) 병·정종자에 대하여 실지조사 차"(『삼계일기』 1957.4.23.) 각 면을 방문하기 시작했다. 그리고 7월에 과거 징병검사에서 불합격한 청년들을 재검사하기 위하여 임실경찰서 병사계 순경이 다시 나왔다. 그러나 이강운은 이를 두고 "대리수검이나 금전으로 좌우된 일이 없는가 해서 그러한 모양"이라고 생각하면서 "사령부에서는 얼마든지 하고 있는 것 같은데 이제 와서 미약한 농촌 장정만 다루"(『삼계일기』 1957.7.10.)고 있다고 불만을 토로하였다.

어쨌든 국민개병제에 입각한 병역의 국민 의무화는 1950년대에 심각한 사회문제를 야기하였다. 전쟁 이후 극심한 식량 부족과 빈곤 상태에 놓은 주민들은 이미 생계를 방해받을 정도로 사회복구작업에 강제 동원되고 있었다. 그런데 징병제가 실시되면서 사회적 노동력이 고갈되고, 빈곤층 가족의 해체 문제도 등장하였다. 거기에 징병제도의 형평성 문제까지 대두되면서, 불만이 쌓이게 된 것이다. 정부는 국민적 불만을 가라앉히겠다고 재검을 결정한 것이었으나, 농촌사회에서는 새로운 불만을 불러일으켰다. 즉 과거에는 가난한 사람들에게 영장을 할당하여 마구잡이로 동원하더니, 이제는 그나마 면제된 청년들마저 다시 검사하겠다는 것이냐는 의심이 나타나게 된 것이다. 더욱이 밤을 새워가며 일을 했던 삼계면 사무소 병사담당 직원은 자신을 의심하는 것 같은 임실경찰서 순경의 태도도 마음에 걸렸을 것이다.

| 참고문헌 |

강인화. 2019. “1950년대 징병제와 한국전쟁의 전후처리”, 『법과사회』 62호.

공제욱 역. 2008. 『국가와 일상 - 박정희 시대』. 한울.

김득중. 2007. 『죽엄으로써 나라를 지키자』. 선인.

신병식 저, 공제욱 역. 2008. “징병제의 강화와 ‘조국 군대화”. 『국가와 일상-박정희 시대』. 한울.

윤종현. 1957. “병무행정 짓밟는 「특권계급」”. 『신태양』 5월호.

이임하. 2003. “한국전쟁 전후 동원행정의 반민중성-군사동원과 노무동원을 중심으로”. 『역사연구』 12.

이장과 행정적 마을 질서

| 소순열 |

마을은 주민들의 일상적 삶의 공간이다. 주민들이 일상적으로 생활하고 일차적인 인간관계가 만들어지는 장場이다. 주민들 스스로가 공동체적 마을 자치와 결속을 만들어가는 장이며 다른 한편으로는 국가가 행정력의 강화를 위해 마을 내부에 여러 가지 지배력을 침투 강화할 수 있는 장이기도 하다.

본 일기는 면서기 이강운이 쓴 4년간(1954~1957)의 일기이다. 면 병사계 담당을 하였던 20대 중반 청년의 일기이다. 이 일기로 국가의 지배력과 마을주민의 자율성이 만나는 역동적인 공간의 변화에 대해서 구체적으로 파악하기는 어렵다. 그러나 적어도 농촌사회의 지배과정에서 나타나는 이장의 위상을 통해 행정력의 강화를 이해하는 데 매우 도움이 된다. 한국전쟁 이후 1950년대 중반 국가가 이장을 중심으로 한 행정적 영역으로 마을 운영을 어떻게 하였는가를 이 일기에서 확인할 수 있다.

1. 이장과 이장회의

모든 행정은 종국적으로 마을 단위에 귀일한다. 마을은 행정의사와 주민의사가 접촉하는 접합점으로써 행정정책의 시발점이자 종착점이다.

이장은 마을의 대표자로서 상급기관의 의사를 집행하고 주민에게 전달한다. 이외에도 마을에서 지역주민의 공통요구를 발견하고 주민의 협동심과 참여의식을 고취하는 역할을 수행한다. 교과서대로 말하면, 이장은 행정의사의 효과적 집행과 주민의사의 합리적인 수렴을 통하여 일선 행정을 효율화시키기 위한 중심적인 역할을 하는 사람이다.

당시 일기에는 “후천 2구라 하면 면내에서도 유명한 부락이다. 거기다 이장마저 없어서 부락에서나 면 행정에도 크나큰 곤란이 있다. 이장대리로 허광한씨와 같이 부락 전부를 호구방문하였는데 과연 곤란트라”(『삼계일기』 1954.5.8.)와 같이 이장의 역할에 대해 깊이 인식하고 있었다. 행정리 단위의 마을에 대해서도 “하급기관 리里에서 면 행정에 대하여 협조심이 극도로 박약하여저서 만일 이대로 간다면 면 행정에 중대한 결함이 생길 겄”(『삼계일기』 1954.5.25.)으로 생각하고 있다. 마을까지 행정이 이루어지지 못한다는 것은 “너무나도 이장의 성의가 부족해서 상부의 지시가 민간에 제대로 침투되지 않은 데에 원인”(『삼계일기』 1955.9.27.)으로 보고 있었다.

이장은 정례적인 이장회의에서 행정지시를 받았다. 행정지시는 징집업무, 노무동원, 수득세, 추곡·하곡수매, 농사지도, 세금 및 잡부금 할당 및 징수, 계몽선전, 도로정비 등 매우 다양한 사항이었다. 어느 회의이든 이장회의는 “예와 다름없이 경비 관계를 가지고 논의” (『삼계일기』 1956.1.27.)하였으며, “언제 마찬가지로 시간 한 번 직혀본 일 없다. 오늘도 늦게야 회의를 시작했다. 늦게 시작한 반면 폐회도 언제나 늦다. 각계各係에서 이겄저겄 늘어놓음으로서 해가 넘어간 후에야 끝났다.”(『삼계일기』 1955.3.24.)처럼 항상 늦게 시작하고 늦게 끝났다.

이장은 이장회의 외에 이장 반장합동회의, 이장 면직원 지서 직원 합동연회의, 행정집단유설대회行政集團遊說大會 등에 참석하였다. 행정집단 유설대회는 오수초등학교 교실에서 둔남, 삼계, 지사 3개 면 합동으로 면직원과 이장, 반장, 면의회위원, 농업요원도 참석하는 규모가 가장 큰 대회이었다. 대회는 "먼저 국민의례와 둔남면장의 개회사 군수의 훈시 내무과장의 내무행정에 대한 취지 설명 및 산업과장의 농사 관계에 있어 1. 경종법개선 2. 유축농업 3. 곡수穀樹 유실과목 4. 부업 5. 협동조합에 대해서 각항 별로 세세한 설명이 있었다. 그리고 농사 잠업 산림 축산 주무자로부터 내용에 관한 설명이 있었다"(『삼계일기』 1955.5.5.).

이장회의는 이장이 많이 참석하지 못한 경우도 있었다. 회의를 시작해도 반절도 참석하지 못하거나(『삼계일기』 1955.5.22.), 대통령선거 달에 특별 이장회의를 개최하였지만, 반장 외에 수 명밖에 참석하지 못한 적(『삼계일기』 1956. 5. 1.)도 있었다. "언제나 보는 현실이지만 회의 출석률이 좋지 못하다"(『삼계일기』 1957.3.9.)고 할 정도이었다. 회의 불참이 많을 때는 참석을 강경하게 지시하거나(『삼계일기』 1956.5.7.), 불참자 인장을 찍어 행정업무를 처리하였다(『삼계일기』 1954.7.1.).

면서기는 반드시 마을에 출장을 가서 이장에게 행정사항을 전달하고 같이 업무를 처리하였다. 일이 많거나 시간이 없는 경우에는 마을 이장에게 맥류파종지도.(『삼계일기』 1956.11.1.) 미납명부 작성(『삼계일기』 1957.1.17.) 등과 같은 일을 마을 이장에게 부탁해 처리하였다. 아예 이장이 마을에 없었을 경우에는 행정 일을 처리하기가 곤란하여 돌아오는 경우가 많았다(『삼계일기』 1954.9.21.; 1954.11.29.; 1957.3.28.; 1975.4.6.; 1957.5.21.; 1975.6.15.).

특히 마을에 경비를 징수하는 때 이장 부재 시 일이 제대로 처리되지 않았다. "출장 계획이 되여서 오늘은 가볼가 하고 면으로 나갔드니 마침 산수이장이 오수간다고 나와서 면에서 보아 버리고 나가지는 않었다. 실인즉 요새에 부락에 나가서 금전 징수하기에는 대단한 애로가 많다. 그래서 이장도 없는 데 가보았자 별 도리 없게 생겨서 가지 않고 말었다"(『삼계일기』 1956.7.10.).

모든 행정사무는 이장을 중심으로 한 행정라인을 통해 이루어졌다. 면의 행정사무는 최종 마을 단위에서 이장을 통해 전달되고 추진되었다. 이장회의는 면 행정의 원활화를 위한 행정의 종착역 역할을 담당하였다.

> 오늘의 회의는 월요일의 직원회의 시에 결의로 인하여 응급히 소집한 것이다. 다행히도 많은 이장이 참석하였다. 오늘은 직원과 합동회의가 되였다. 오늘의 회의의 안건은 별다른 특별한 지시사항이 이 있어서 소집한 겄도 않이고 다만 어떻게 해야 면행정을 잘 해나갈 겄인가 여기에 대해서 서로 좋은 의견을 교환하여 보자는 데 주요 목적이 있다(『삼계일기』 1955.5.4.).

2. 이장의 업무

이장은 상부기관의 지시사항 이행을 비롯하여 주민 동원, 각종 공과금 고지서의 전달 및 납부 독려 등 총무, 재무, 호적, 산업 모든 분야에 걸친 업무를 한다. 자연재해나 외부위험으로의 공동대처, 농사일 등의 공동 처리, 주민의 개인적인 사항까지 포함하면 이장의 업무는 다른 행정기관에서 찾을 수 없는 매우 종합적인 업무이다.

일기에 이장은 세금이나 잡부금 징수 업무가 가장 많았다(이에 관해서는 후술-필자 주). 농사지도 업무도 적지 않았다. 논에 피를 뽑는 "제피除稗 독려"(『삼계일기』 1954.9.23.)를 하기도 하고 돈콜레라 예방주사를 실시(『삼계일기』 1957.4.21.)하는 데에도 참여하였다. "사실 어은은 모범농촌이 되여있으니가 이와 같은 지도가 필요가 없을 줄로 아나 그래도 가서 보았드니 성적 대불량이다"(『삼계일기』 1955.5.7.)며 정조식 이앙 지도를 받기도 하였다. 구호양곡 분배를 위한 "구호대상자 조사"(『삼계일기』 1957.6.13.), 수득세 부과를 위한 "토지대장의 경작지 조사"(『삼계일기』 1956.5.1.), 선거를 위해서 "선거권자 조사"(『삼계일기』 1956.4.6.)를 하였다.

이장은 노무동원일을 전적으로 맡았다. 민병대 1주년 기념행사 등과 같은 행사동원(『삼계일기』 1954.9.21.)도 있었지만, 도로정비를 위한 마을 주민의 출역出役은 이장으로서 가장 골치 아픈 업무 중 하나이었다. 통상 3월 봄철 도로정비를 위해 노무동원이 이루어졌다. 그러나 마을 주민들은 좀처럼 출역하지 않아 이장은 매우 애를 먹었다.

> 오전에는 이장과 같이 놀아버리고 오후에 나가도록 호호방문을 하다싶이 해가지고 말을 하여 놓았으나 결국 도로변에 나가서 보니 불과 10여명박에 출역되지 않았다. 물론 직접사업에 종사하고 있는 농민들의 애로와 고충도 모르는 바 아니지만 그래도 노력이 있는 가정이에는 성의껏만 한다면 2일간이면 족할 것이다. 그러한 것을 남의 집일 보듯이 도로변에 나와서 놀기가 일수요 중도에 집으로 가버리는 것이 보통이니 이래가지고서야 어찌 완전한 도로를 만들 수 있을 것인가(『삼계일기』 1957.3.16.). (삼계국민학교 33회 졸업식)

> 오늘은 특히 그보다도 국회의원 일행이 나온단 바람에 면청 내외의 처소에 대단 바쁘다. 면에 나온 이장들까지 동원해서 마당의 풀을 캐고 쓸고 했다. 사실 1개월에 한 번만 이러한 일이 있었으면 싶으다. -(중략)- 오늘 나온다는 국회의원 일행은 오지 않고 오수에서 머므른 모양이다. 말이 그럿치 저이들이 얼마나 그리 큰일을 해줄 겄인지(『삼계일기』 1955.4.12.).

이장은 국가의 중앙집권적인 행정망에서 국민반 조직의 강화라는 최일선의 행정사무를 적극적으로 지원하였다. 이에 대해서 당시에는 극심한 반대가 많았다. 언론은 국민반의 조직강화가 국민을 감시하고 통제하는 수단으로 일제의 유물이라고 비판하였다. 야당국회의원들 또한 국민반의 운영이 자유당 정권의 관제운동이나 선거에 악용하려는 것이라고 격렬하게 반대하였다.

> 이것을 갖이고 국회에서까지 말썽을 이르키고 있다. 물론 정부나 자유당에서 하는 일이 다소 모순성 있는 일이 없지도 않은 바 않이나 이 국민반을 조직하지 못하게 하는 야당의 처사는 너무나도 신경과민한 행동이요 하부말단의 실정을 모르는 일이라고 본다. 여하한 반대가 있다 할지라도 국민은 완전무결하게 조직하여 정상적인 운영으로서 신속한 행정사무를 집행토록 하여야 할 것이다(『삼계일기』 1957.4.13.).

이장이 지원한 것은 제3대 대통령선거이었다. 1956년 5월 15일 대통령선거를 며칠 앞두고 면은 선거계몽좌담회를 밤에 개최하였다. 좌담회 때 마을주민들은 "아주 순박하다. 금반의 선거계몽좌회選擧啓蒙座會를 마치 선거운동 차"(『삼계일기』 1956.5.6.) 나온 줄 알았다. 이장 댁 마당에서 모인 40여명에게 선거에 대한 세부적인 설명을 하였다. 이틀 뒤 지서주임이 면장실에서 모인 면직원에게 적극적인 선거운동에 임하라고 독려하였다(『삼계일기』 1956.5.8.). 선거 날이 임박하자 행정당국은 자유당정권 지지투표를 보다 적극적으로 전개하였다.

> 오늘부터 투표소 설비 등 제반 준비 차 각 투표구 별로 출장을 하였다. 그래서 각 위원과 이장을 투표구 별로 소집했다. 2투표구에서도 위원과 이장들이 전부 몽인 후에 면장실에서 회합이 있었다. 지서주임이 여기에 참석해서 하는 말을 들어보니 위원이나 종사원들로서는 우려 않이 되는 바 않이다. 너무나도 엄청난 말이다. 투표용지 교부시에 一一이 지시를 하라고 하며 기표소, 감시원도 투표용지에 기표한 것을 검인하라고 한다. 나도 이 박사를 지지한 사람의 1인이지만 만약 이와 같이 했다가 잘못하면 큰〈일〉이다. 사후 문제가 여하히 될 것인지?(『삼계일기』 1956.5.13.)

> 정부통령선거를 하루 앞둔 오늘의 공기는 대단히 복잡하였다. 오늘만 지나면 내일이면은 좌우를 결정할 수 있을 겄이다. 오전에는 경계선을 늘어놓았다. 이겄이 가장 중대한 선이련만 이겄이 무슨 소용이 있으랴? 오후에 자유당 주최로 선거 대책회의를 하는데 각 기관 직원들도 참석하라고 해서 나도 가 보았다. 그랬드니 거기에는 학교 교원과 각 이장 제대군인 자유당원들이 있었다. 회의의 내용은 오전부터 각 기관 당에서 합동해가지고 출장해가지고 야간을 이용해서 선거

운동을 하고 내일 아침 전원을 인솔하고 오라는 것이다. 주임의 말은 부락민을 위협해 가지〈고서〉라도 절대적으로 이 박사와 이 의장을 투표하도록 하라고 한다(『삼계일기』 1956. 5. 14.).

3. 이장의 징수

이장을 가장 힘들게 한 것은 마을의 경비 징수이었다. 이장회의의 지시나 면 직원 독려에 따라 이장은 마을 주민에게 공과금이나 잡부금들을 징수하였다. 공과금은 주로 세금이나 면사무소에 납부하는 행정관련 비용, 적십자비 등 공식적인 명칭을 붙인 특별경비도 징수하였다. 면직원이나 지서 경찰이 오면 대접을 하는 접대비 이외 마을 자체로써 소요되는 각종 경비, 위문금, 선거비, 축하금, 성금, 위안금, 광고료 등도 있었다. 면에서 할당하는 공식적인 잡부금과 마을에서 감당해야 하는 각종 명목의 불법적 잡부금은 셀 수 없을 만큼 많았다.

이장의 강제적 징수는 한국전쟁을 겪으며 직면한 국가재정의 빈약한 재정 때문이다. "둔남면에 와서 면장님을 뵈옵고 조합에 가서 3차 3회 징병보조금을 달라고 하니가 현금도 미도착이고, 또한 다른 돈도 없다는 것이다. -(중략)- 와서 보니 다행이도 오늘 이장회의를 소집해 놓아서 이장회의 석상에서 금차 징집에 의한 지시와 경비문제에 대해 토의했다. 상부의 지시는 경비에 대해서는 일체 민 부담을 식히지 말고 도에서 나온 보조금으로서 충당하라고 하는데 4할 정도박게 되지 않은 보조금을 가지고 어떻게 하라는 말인지 도저히 이해난理解難"(『삼계일기』 1954. 12. 2.)이라는 인식에서도 보인다. 빈약한 면행정을 꾸리는 면장의 생각도 마찬가지이었다. 금차 소요된 경비를 할당해가지고 면장한테 가지고 갔드니 도 보조를 예산치 말고 전액을 다 할당하라고 해서 퇴자 마젔다. 상부에서는 절대 할당치 못하게 한데 면에서 보조금도 면 예산에 넣고 주지 않으려고 하니 참으로 곤란한 일이다. 면장의 명령이라 별수 없는 일이나 대단히 불쾌하였다"(『삼계일기』 1954.12.4.). 결국, 면서기는 "물론이나 민폐를 끼치지 않고 국고 보조로서 한다면 대단히 좋은 일이나 말뿐이지 실천도 되지 않은 일을 상부에서는 지시하고 있으니 발을 묶거놓고 다름질 하라는 겄이나 마찬가지제. 하부에서 일하는 자만 애먹이잔 모양이다"(『삼계일기』 1954.12.2.)하고 이해하고 있었다.

일기에는 수득세, 호별세, 가옥세, 임야세, 적십자비 등과 같은 행정 관련비용 징수가 나온다. 그러나 마을주민에게 행정절차에 따라 자의적으로 부과된 병무협의회비, 군경원호회비, 축기대금祝旗代金, 학교 수리비 같은 것도 있다. 이강운이 가장 관심을 끌었던 것은 병사 관계 경비이었다. "작일 발부하였든 제2국민병 영장을 받은 장정을 인솔하여야 함으로 아침부터 마음이 초조하다. 오전 중에 수개 이장을 상대하여 금반의 소요경비를 징수하는 데 대단히 분주하였다"(『삼계일기』 1954.5.4.).

당시 토지수득세는 매우 불공정한 세금이었다. 본래 토지수득세는 한국전쟁으로 인한 국민경제의 불안정과 양곡의 수급조절을 위하여 토지수익에서 나온 모든 조세를 현물로 납부케 하는 농지세이다. 전체 조세수입의 20-30%를 차지할 정도로 큰 재원으로 정부는 막대한 현물을 조달하였다. 그러나 납세자인 농민에게는 엄청난 전시 인플레 부담을 농민에게 고스란히 떠안겨 농가경제는 말 그대로 피폐화될 대로 피폐화되었다.

“추곡 수득세 조정사무가 본격적으로 시작되였다. 여하간 금년도 추곡 수매 수납이 문제인 겄이 비료 대금을 양곡으로 수납한다 하니 이겄이 제일 큰 문제”(『삼계일기』 1956.11.12.)이었다. 주민들에게 수득세 고지서를 발부하고 납부 독려를 해도 “어제 하루 독려한 것이 과연 오늘 얼마마는 효과를 거둘 것인지?”(『삼계일기』 1956.12.8.)라는 생각을 들 정도로 토지수납세 징수는 매우 어려운 일이었다.

수득세 완납도 여의치 못하였다. “언제나 수납사무가 있을 때마다 되풀이하는 일이것만 이것을 완수할라매 말할 수 없는 난관과 애애哀隘가 앞을 가로막는다. 연부상환 양곡과 비료대 수납에 있어서는 막대한 난관이 있을 겄이며 도저히 완납은 기대할 수 없는 일이다”(『삼계일기』 1956.12.6.). “만약에 이겄을 제대로 다 내게 된다면은 농촌의 식량 절량 상태에 들어갈”(『삼계일기』 1956.11.12.)상황이었다. 이러한 상황에서 삼계면은 수득세 부과 및 납부가 크게 문제가 되었다. 이강운은 “면에 가서보니 본서 수사계 형사들이 숙직실에 와서 있었다. 2, 3일 전부터 와서 거년도去年度 수득세 건을 가지고 여러 이장까지 오느라 가느라 하고 있다. 물론 우리가 대국적인 견지에서 생각할 적에는 국가에 대해서 범법적인 행위를 했지마는 논리적으로 볼 적에는 그다지 크나큰 죄를 범했다고 볼 수는 없을 겄이다. 그러함에도 불구하고 무슨 큰 혐의나 있는 겄 같이 숙직실에 와서 ○정을 하고 하는 데는 좀 기분이 맞지 않았다”(『삼계일기』 1956.3.23.).

이장의 경비징수는 기본적으로 호별 분배방식이었다. “할당함과 동시에”(『삼계일기』 1955.5.21.). “오지 1구에 선참先參을 했다. 부락민들이 잡종금을 할당하겠다고 집합하여 놀고 있다. 우리들이 들어가니 좋아할 리가 있겠는가. 들어가서 이장에게 사유를 말하니 이마에 내천자만 쓰고 있지 않은가"(『삼계일기』 1955.2.1.). 이장과 함께 면서기는 가가호호 방문하여 경비를 징수하거나 독려하였다. 그러나 면서기는 "하루를 다녔어도 수금은 일전一錢도 못하고 허행虛行을 하고 말었다. 금반에 소요경비 염출이 대단히 걱정"(『삼계일기』 1954.10.7.)되었으며, "심란하다. 16일에 가서 성과 못 냈는데 오늘 가서 얼마만한 성과가 있을넌지는 몰라도 별 신통치 않을 겄이 예측"(『삼계일기』 1955.5.18.)하였다. 심지어는 마을에 금전징수하기가 어려워 "이장도 없는 데 가보았자 별 도리 없게 생겨서 가지 않고 말었다"(『삼계일기』 1956.7.10.).

이 때문에 이강운은 "오늘은 전주여관에 급식비를 청산키 위해서 금전을 취대取貸해 가지고 임실로 보내"(『삼계일기』 1954.9.23.)주기까지 하였다. 세금을 이장한테서 입체(『삼계일기』 1956.6.8.)하거나 대납을 받아 내는 경우(『삼계일기』 1956.2.23.)도 있었다. 이강운은 이장이 세금을 유용한 일(『삼계일기』 1955.5.3.)을 겪기도 하였으며 입대장정 축기대祝旗代 문제로 이장에게 과도한 언사를 퍼붓기도 하였다(『삼계일기』 1956.3.14.). 면서기 이강운은 세금 미납자를 보며 이렇게 생각하였다.

> 식사가 끝난 후에 세금을 받으러 나섰다. -(중략)- 1구로 가는 도중에 3구 구역인 은행정인란 마을에 가서 김××라 하는 이가 호별세를 내지 않애서 들어갔다가 출장하면서 처음으로 우수운 일을 한번 당해봤다. 본인은 없고 아이들과 부인만이 있어서 호주를 다려오라고 했드니 없다고 하고 그대로 왔다. 그래서 가족더러 내라고 했드니 최후에 가서 하는 말이 저이들 마음대로 하라고 하드니 최후에는 우리들더러 도적놈들인 말까지 하고 있다. 너무나도 과한 언사다. 그 후에 본인이 왔기에 그대로 참고 말었으나 너무나도 여자로서 과도한 언

사요 행동이였다(『삼계일기』1955. 5. 3.).

> 어제 직원회의의 결과에 의하여 오늘 두월리로 세금을 징수하겠다 고 출장을 나갓다. 가서 이장을 찾으니 오늘 면에 나간다고 해서 같이 세금을 낼 사람을 찾어갓다. 납세의무자라 단1명뿐이다. 그러면 어떠한 사람이기에 이제까지 내지 않을고? 그 사람으로 말하면 현재 초등학교의 직에 있는 분이요 자기의 처는 전에 본면本面 재무계장을 역임한 분들이다. 그러한 분들이 세금을 납부치 않고 있다. 않 내드라도 다 같이 않 내면 모르되 국세는 세무서 직원이 세무서 직원이 나오니가 납부하고서 부가세만 미납하고 있으니 그의 심리를 가히 알 수 있다. 이것이 요새날의 농촌의 유지들의 하는 행위이다. 별수 없이 세금은 받지도 못하고 그대로 귀청하엿다(『삼계일기』1955. 6. 3.).

주민들에게 각종 세금, 접대비와 잡부금은 엄청난 부담과 고통이었다. 이 때문에 징수문제는 면서기 이강운에게 "오늘도 경비 관계로 학정 1구 이장과 언쟁을 하였으며 기타 여러 이장한테 사정 많이 해 봤지만 나도 청년의 몸인데 이장들한테 돈 달라고 사정하기란 창피하기 짝이었으며 한없이 뇌꼴스럽다"(『삼계일기』 1954. 10. 22.)는 것이었다.

4. 이장과 면서기

면서기가 마을로 출장 갈 때마다 반듯이 이장과 같이 업무를 수행하였다. 이장의 활동성과는 당연 면행정의 성과와 직결되었다. 면서기는 이장이 마을에 없을 경우에는 업무를 보지 못할 정도로 이장의 역할은 컸다. 이장은 마을의 대표자로서 면행정의 최종적인 업무처리자였다.

이장과 면직원들과는 각 기관 친목체육대회, 면 지서 이장 합동 야유회 등 공식적인 행사를 통해서도 교류가 이루어졌다. 1954년에는 무주군 적성면 어은정에서 면 지서 이장 합동야유회가 개최되었다. 지서에서 자동차를 준비하고 50여명이 모였다. 오전에는 뱃노리를 하고 오후 3시경에 중식을 마치는 프로그램으로 짜여 있었다(『삼계일기』 1954.5.23.).

이장은 면서기가 출장 올 때 식사 대접을 하였다. 중식만이 아니라 "석반夕飯을 이장 집에서 먹고"(『삼계일기』 1957.8.1.), "오지 2구에 가서 이장 댁에서 조식"(『삼계일기』 1955.1.8.)도 먹었다. "이장 댁에서 술을 내와서 만족하게"(『삼계일기』 1954.10.7.) 먹었을 뿐 아니라 "부족한 음식 중에서 절약해가지고 면에까지 가저와서 직원과 이장 합동해서 한 잔 재미있게"(『삼계일기』 1955.4.22.)마시는 일도 있었다. "침 일직이 일어나서 어제 술 먹고 속 앞은 사람들을 위하여 이장 집에서 해장국을 끓여"(『삼계일기』 1954.5.18.)오기도 하였다. 이장이 면서기에게 극장 입장권과 저녁을 사기도(『삼계일기』 1955.4.30.)하고, "이장집에서 저녁에 잣다"(『삼계일기』 1956.12.7.)는 사실을 보면 이장과 면서기의 관계는 단순한 사무적인 사이는 아니었다.

이장들이 모여서 이장주최 면장 송별연회 개최하였다(『삼계일기』 1956.1.27.). 이장과 면서기와의 관계는 사무적이며 권위적인 모임을 벗어난 자연스러운 관례가 더해진 것이다. "두월이장이 와서 같이 놀다가 학교 선생님과 같이 중식을 사주워서 먹었다. 작난作難의 말이 시작되여 결국 중식을 내게 된 갔"(『삼계일기』 1956.6.3.)처럼 연속적인 관계로 이어지고 있다.

면서기 또한 "오전에 이장 사랑舍廊에 놀다가 이발만하고 오후에도 이장 사랑에서 놀다가" 잠간 면에 다녀서 바로 들어와 버렸다"(『삼계일기』 1955.3.1.)할 정도로 이장과의 부담이 적은 관계를 가지고 있었다. 1년 전 송정에서 일어난 자동차 사고로 사망한 "이장들의 소상小祥"(『삼계일기』 1955.3.3.)도 챙기기도 하였다.

면서기는 정조식 못자리 농사지도를 위해 제대도 되지 않는 이장의 논을 보고 "이장이나 반장이 가르처주지 않애서 그랬다고 하는 사람도 있을 테이지만 사실이 몰라서 못한 사람도 많이 있다. 오지 1구 촌전村前에를 가서 보니 이장이나 반장의 논부터가 제대로 되지 않고 있으니 누가 하라는 대로 할 사람이 있겠느냐 말이다"(『삼계일기』 1955.5.6.)라며 개량묘판을 규격대로 고쳐 주었다.

이장은 선거에 의해 뽑혔다. 후보자 추천 선거이었다. 면직원 입회하에 이장선거가 이루어졌다. "당선된 그분은 강력히 거부하고 있다. 이장의 신망이 두터운 사람은 마다고 하고 할려고 한 사람은 신망이 없다"(『삼계일기』 1956.7.12.)고 애를 탔다. 어떤 이장선거에서는 "귀청하여 보니 어데나 전 이장이 그대로 당선되였다. 특히 홍곡 2구에 재당선된 것은 나 역시 기쁘게 생각한다"(『삼계일기』 1956.9.1.), "어데나 전 이장이 그대로 당선되였다. 특히 홍곡 2구에 재당선된 것은 나 역시 기쁘게 생각한다"(『삼계일기』 1956.9.1.)고 하였다. 이강운은 자기마을 이장선거에 대해서도 높게 평가했다.

> 눈이 온 바람에 우리 마을 이장선거 하는 데는 오히려 유리하였다. 즉 폐권자棄權者가 없이 투표했다는 것이다. 이장직 하나를 잡어보겠

> 다고 한마을 안에 거주하면서 별 추태를 다- 부리고 선거운동 등을 하고 있다. 너무 추첩한 행동이였다. 금전만능의 세태라고 하지만 한 부락 내에서 입후보자가 술을 내는 사람이 있으니 가관이였다. 개표 결과를 보니 김×× 52표 김×× 38표 김×× 22표로서 결국 김××씨의 당선이였다. 금반 선거는 잘되였다(『삼계일기』 1957.3.3.).

이장은 사적이던 공적이던 부탁을 하였다. "아침에 홍곡 1구 이장이 찾어와서 전번에 부탁한 겄 관계로 이야기를 한다. 그로 인해서 내가 일을 또한 저지르게 되었다"(『삼계일기』 1955.3.20.)는 적도 있다. 그리고 이장들과의 협의를 통해 타협하기도 하였다. "각 이장 일행이 도착해서 같이 이장 집으로 갓다. 오늘 낮에 중식을 산수이장 집에서 하기로 하여 전부 이장 집에서 쉬였다. 오후에 나도 같이 홍곡과 삼계리를 따러 다녀 보았다. 그리고 삼계이장 집에서 술을 한 잔식 마시고 면에 와서 타합을 하엿다"(『삼계일기』 1956.10.7.).

그러나 면서기 이강운은 부탁이나 협의가 부정하거나 부적절한 경우 내내 속을 앓았다. "망전이장이 술을 한 잔 받어주어서 마시고 돌아왔다. 이러한 데서 이외의 술이 있게 된 데 대해서는 나로서는 그다지 반가웁게 생각지 않고 있다"(『삼계일기』 1957.2.18.). "어제밤과 오늘 아침에도 맞나자고 한 것을 가지 않었는데 오늘 또다시 그러하니 아니 갈 수도 없어서 가보았드니 술상을 가저온다. 이것이 내에게 가장 이롭지 못한 마물인 것이라는 것을 알고 나올여고 하는데 한사코 만류하여서 체면이 곤란하여 술은 입에 대지도 않고 안주만 몇 점 먹고 돌아왔다. 이것이 즉 좋지 못한 징후이다."(『삼계일기』 1957.4.5.).

면서기 이강운은 이장에 대한 호불호好不好가 분명하였다. 그는 "1구

이장 집에 와서 보니 서류가 말이 않이다. 그래도 1개 부락 이장의 문서는 아주 형편 없이 되여 있어"(『삼계일기』 1957.7.25.) 개인별 수납양도 정확히 알 수 없게 하는 이장은 당연히 형편없는 이장이었다. 반면에 모범이장은 "내 마음으로 언제나 생각하고 있는 바이지만 호준이의 성격과 그의 행동은 근래의 청년으로서는 모범청년에 족하다고 본다. 또한, 면내 이장 중에서도 나의 견해로는 누구보다도 모범적인 이장이라고 본다. 그의 성품과 같이 작년에 신축한 가옥도 깨끗하게 꾸며서 단란한 생활을 하고 있는 겄이 무었보담도 부러웁다"(『삼계일기』 1956.1.6.).

5. 면서기와 마을주민

면서기 이강운은 면행정이 대단히 불쾌하더라도 "면장의 명령이라 별 수 없는 일"(『삼계일기』 1954.12.4.)이라고 받아들였다. 그러나 행정이 갖고 있는 상황과 문제를 정확하게 알았다. "오늘은 부면장과 같이 입영장정의 가정방문을 할야 하였든 겄이 군에서 덕계리에 퇴비심사 차 나온다 하여 부면장 마저 거기에 가버린다. 면장은 산업행정에는 상당히 열烈이 있으나 그 외 기외其外 행정에 등한이 하는 경향이 많으며 특히 병사행정에는 무관심한다고 하여도 과언이 아닐 정도다"(『삼계일기』 1954.10.9.). 병역법 개정문제에 대해서도 "역종役種 구분에 있어 변동이 심한 것 같다. 어떠한 법이 채택될 것인지? 또한 전북 출신 민의원님들은 찗차를 통관식혀 개인들의 이익에 맞도록 한 모양이지. 여기에 주동적인 역할히 남원 출신 선량이라고. 10만의 대변자로서 가히 할 수 있는 일인가"(『삼계일기』 1955.6.3.)하며 개탄하였다.

면장 당선 후 부면장 쟁탈전을 보며 "그 부면장의 자리 하나를 가지고 치열한 쟁탈전이 버러지고 있으니 너무도 과도한 처사라고 아니할 수 없다. 일방에서 취하고 있는 그 태도는 너머나도 비열한 일이라고 않을 수 없다. 그 자리 하나로 말미암아 면 행정에 얼마 지장이 있는지 그 자들은 알고 있는지?"(『삼계일기』 1956.4.6.)하며 답답한 심정을 토로하였다. 부면장의 월요강의를 듣고 "부면장이 강의를 했으나 머리 속에는 한 가지 것도 드러오지 않았다. 오늘도 부면장의 태도를 보니 분명히 어제 술을 마시엿는 것 같다. 후에 들어서 알었지마는 무슨 술을 그렇게 마시고 추접을 떨고 다니는지 그래도 부면장쯤 되면 위신도 있고 체면 유지 도 좀 해야 할 일인데 너무도 과히 하고 다닌다. 좀 더 술에 대해서 주의를 하지 않은 한 언제나 한 번쯤은 봉변을 당하고 말 겄이다"(『삼계일기』 1957.1.21.)라고 화를 냈다.

면서기는 부임해온 경찰에 대해서 "사변 전과 수복收復 즉후卽後에 삼계에 근무하였었고 금반이 3회채인데 면민의 신망이 높이 평가되고 있는 분"(『삼계일기』 1956.2.21.)이라고 반가움을 표현하였다. 떠나는 지서 경찰 한 사람에 대해서도 "성격의 온후함이나 부하직원들에게 대한 겄이나 대외적인 면에 있어 일반민중을 대할 적에나 그야말로 민주경찰"(『삼계일기』 1955.11.11.)이라고 높은 점수를 주기도 하였다.

그러나 전체적으로 지서와의 관계는 별로 좋지 못하였다. 두 기관의 관계는 오래전부터 골이 파인 사이였다. 이러한 사정은 이장회의에서 나타났다. "지서에서는 이장회의를 소집하여 놓았다. 언제나 지서에서 이장회의를 할라며는 면장과 어떠한 사전타합이 있어야 할 겄임에도 불구하고 단독적으로 이장을 움직이려 하니 면의 입장을 너머나

무시한 겄박에는 되지 않은다. 면에서는 지서회의에 참석치도 않핬였다"(『삼계일기』 1955.1.14.). 삼계면 행정이 직면한 심각한 문제이었다.

> 오후에 계속해서 학교 건축비 관계로 이사회를 면장실에서 개최하였다. 오전의 이장회의에는 지서주임이 참석치 않었드니 오후에 학교문제를 갖이고 회의를 하니가 와서 앉어 있었다. 요새에 면에 대한 감정이 좋지 않은 겄만은 이미 아는 사실이지만 공적인 면에서까지 그러할 겄은 없을 일인데 이겄도 따저놓고 보면 그 사람의 본심이 나쁜 겄이 않이라 그 배후에서 운전대를 잡고 조종하는 몇몇 분자가 나쁜 겄이다. 이겄이 화근이 되여 현재 삼계면이 이와 같은 상태에 놓여 있는 겄이다(『삼계일기』 1956.7.4.).

이러한 상황 속에서 마을 주민은 개량묘대와 종자 갱신 비료의 사용법 등에 대해서 교육을 시켜도 "과연 농민 한 사람 한 사람에게 제대로 침투가 되여 실천에 옮겨 줄는지가 의심스럽다. 지금 농민의 심리상태가 정부에서 시키는 일이라면 무조건 반대하는 터"(『삼계일기』 1957.4.26.)였다. 한국전쟁 발발 후 토지수득세 등 일련의 현물 수탈체제가 지속되면서 농가경제는 사실상 파산상태로 내몰리게 되었다. "춘궁기에 있어 절량농가가 속출하는 것은 매년 상례로 되어있으나 특히 거년去年의 오재五災로 인하여 실 수확에 있어 예년에 보지 못한 흉년으로 말미암아 도처에서 농민의 아우성소리가 들여오고"(『삼계일기』 1957.3.6.)있었다. 이러한 상황은 마을 학생들의 말로 전해졌다.

> 내일 아침 부락예회 참석 차 두월리를 가보니 이장이 없어서 바로 반

> 장에게 부탁하고 돌아오는데 촌전村前에서 그 마을 학생들이 나를 보고 저이들끼리 하는 말이 "또 돈 바드러 왔다간다. 지서나 면에서는 맨 돈만 바드러 다녀. 어떨 때는 지서에서 기피자도 잡으로 와." 이와 같은 말을 저이들끼리 하고 간다. 이겄을 들을 적에 기분이 이상했다. 어린아이들이 저렇게 말을 할 적에는 자기들 가정에서는 어떠하랴. 사실인즉 모다 싫어하며 욕할 겄이다. 내 이것을 모른 배 아니다. 그러나 내 본심이 나쁜 게 않이라 내 직책이 그러하니 별수 있나. 내 이 직책을 그만두지 않는 한 별수 없다. 아이들이여 너머나 비웃지 마러다요(『삼계일기』 1954.11.30.).

면서기 이강운은 "내가 무슨 일로 면 서기가 되어서, 면 서기 중에도 특히 병사담당자가 되여서 이다지도 고통을 받고 있는지?"(『삼계일기』 1956.5.24.), "아직도 미완임으로 명일 또 출장하여야 할 테이니 마음이 괴롭다. 젊은 놈이 문전문전門前門前 방문하고 다니니까 챙피하기도 하고 추접하기 짝이 없다"(『삼계일기』 1954.5.13.)는 마음을 느꼈다. 그러면서도 이강운은 면서기로서 "책임이란 무서운 겄이다. 특히 공무원된 신분으로서는 더욱더 무서운 겄이다. 나는 나의 열의와 성의를 다하려고 무한이 노력은 하고 있다. 개개인이 다- 각기 자기의 책임을 회피하며은 그 사회는 무너질 겄이며 각자가 맡은 바 책임을 완수한다면 그 사회 어느 사회보다 앞슬 겄이며 명랑한 사회를 이룩할 겄이다. 그래서만이 우리들의 생활면에 서광이 빛일 겄이다. 그래서 나는 그 책임 다소나마 이행하겠다고 식후에 바로 산수리로 행하였다"(『삼계일기』 1955.12.12.).

해방 후 마을은 일제가 남겨준 마을자치의 쇠락을 다시 재건할 기회를 맞았다. 1950년대 중반 일기를 통해서 보면 마을은 사회적 갈등과정에서 전통적인 마을 공동체가 더욱 공동화하는 양상을 보였다. 동계 등 마을의 자치적 질서는 중심적 위치를 상실하고 거의 힘이 소진하게 되었다. 이제 마을운영의 중심축은 동계 등 마을 자치에서 중심적인 역할을 수행하던 이전과 달리 이장 중심의 행정영역으로 구축되었다. 마을은 공동체적 질서를 잃어가고 이장을 중심으로 국가적 행정체제로 구축되었다. 이 일기는 마을에 대한 국가적 장악이 이장의 행정적 질서를 통하여 거의 일단락되었음을 보여준다.

삼계면사무소 직원교육 '월요교양강좌'

| 김미숙 |

2020년 3월 27일 삼계일기 관련 연구소 자체 세미나에서 아들 이홍재는 "(아버지는) 배움에 대한 갈망을 항상 가지고 있었으며, (중략) 사환으로 온 젊은 직원들에게 '공부해라!'라고 친절하게 말씀해 주셨다."라며 아버지의 배움에 대한 갈망을 회고하였다.

또한, 당시 배포된 이강운의 연보에 의하면, 19세(1948년)부터 면사무소에 취직하여 근무하다가, 독자였음에도 불구하고 32세(1961년)에 사표를 내고 군대에 지원입대를 하였으며, 제대 이후에는 잠시 원평우체국에서 근무하였다. 이후 이강운이 면사무소로 재취업하게 된 계기는 1963년(34세)에 농업직 면직원 공개채용 시험을 통해서였다. 그 공개채용 시험에서 "고교출신 5년 이상 근무자를 대상으로 6명 채용에 106명이 응시하였으며, 농업통론 시험에 서술형 8개 문항이 나왔는데, 평소에 읽으며 공부했던 '교양강좌'에서 종자갱신 문제가 나와 잘 써서 3등으로 합격"하였다고 한다.

그렇다면 여기에서 언급한 '교양강좌'란 무엇일까? 이 궁금증을 중심으로 1954년 5월 1일부터 1957년 9월 9일까지의 일기 내용에서 등장하고 있는 '교양강좌의 내용 및 현황, 그 효과'에 대하여 살펴보았다.

1. "副面長의 性質이라 期於코 施行" 월요교양강좌

월요교양강좌月曜教養講座(이하 '강좌')는, 1954년 7월 5일(월)부터 매주 월요일마다 직원회의와 함께 수행하고자 했던 교양(직원교육) 강좌를 말한다. 이는 부면장이 이전부터 제안한 강좌였으며 강사는 면장을 포함한 면사무소 각 부서 직원이 담당하였다. 강의 과목은 공무를 수행하는데 필요한 실무강의나 사회적으로 활용이 가능한 각종 법(규칙) 관련 과목 등이 있었다.

첫 강사는, 6월 9일에 盧源亨 氏를 대신해서 "황등 농도원에서 시행된 20일간의 교양강좌"에 참여한 이강운이었다. 이강운은 20일간의 연수에 앞서, "黃登 農道院을 이번 처음으로 찾어 가게 되는데 얼마나 많은 배움을 어더 가지고 올 겄인지. 앞으로 20日間은 農道院 生活로 因해서 不得已 日記 쓰는 겄을 中止케 되었다"(『삼계일기』 1954.6.9.)라며, 한동안 연수(교육)로 인해 일기를 쓸 수 없음을 언급하였다.

연수는 6월 10일부터 6월 29일까지로 20일간의 일정이었으나, 하루 전날인 28일에 수료식을 거행하였다.(『삼계일기』 1954.6.29.) 타지역의 사람들이 많이 참석한 이 교육의 수료식에는 도지사 및 지방과장 등이 참석(『삼계일기』 1954.6.28.)할 정도로 어느 정도 큰 규모의 연수였음을 짐작할 수 있다. 이강운은 강좌를 수료하고 집으로 가는 도중에 "憲法解義 行政法 中卷 및 公務員制度解說" 책을 구매하는데(『삼계일기』 1954.6.28.), 이것은 연수에서 배운 과목이기도 했으며, 앞으로 있을 면사무소 내 교양강좌의 교과서가 된다. 그러나 20일 간의 교육을 받고 면사무소에서 강의를 한다는 것에는 큰 부담을 느낀 것 같다. "午前 中에는 明日부터 實施한다는 教養 關係로 憲法解義를 놓고 뒤적거려 보았으나 20日間의 講義에는 그다지 좋은 成果가 않이여서 속속히 머리에 들지 않애서 如間 困難하다"(『삼계일기』 1954.7.4), "困難한 것이 講義를 나한테 責任 주는 데는 大端 困難치 않을 수 없다. 短時日의 受講에 얼마나 좋은 結果가 있었다고 나더러 하라는데 당황치 않을 수 없다"(『삼계일기』 1954.7.5)라며 첫 강의에 대한 무거운 심정을 기술하고 있다.

첫 강의는 예정대로 1954년 7월 5일부터 시행되었다. "前般부터 實施 計劃이던 教養講座를 오늘부터 實施의 初步를 것게 되였다. 언제나 한번 한단 일은 하고 마는 副面長의 性質이라 期於코 施行하고야 말었다"(『삼계일기』 1954.7.5.)라며 부면장의 강력한 제안이 있었음을 알 수 있었다. 추후 이 부면장은 면장으로 승급하게 되며 승급한 후에도 강좌를 지속적으로 유지하기 위해 노력하였다. 이강운은 "一端 責任이 있는 以上에 나의 誠意것"(『삼계일기』 1954.7.5.)하였으며, "이것이 제대로 잘 運營되여 各自 아는 바를 서로 討議한다면 크나큰 希望이라 아니할 수 없다"(『삼계일기』 1954.7.5.)고 첫 강좌에 대한 희망과 기대를 나타냈다.

2. "제대로 施行치 못하고"

그러나 처음 기대와는 달리, 강좌는 정기적으로 이루어지지 못하였다. 물론 일기의 내용에 없다고 하여 그 개최 유무를 판단할 수는 없지만, 첫 강의 이후 언급되지 않다가 1954년 11월 1일 "郡에를 가니 그때에야 職員會議가 있다. 그 후 月曜教養講座가 있어서 같이 배웠다. 內務課

長이 行政法에 對하여 敎養하였다. 조금 있으니가 屯南 只沙 靑雄 江津 聖壽도 모여 들었다"(『삼계일기』 1954.11.1.)라며 등장하였다. 즉 군郡에서도 강좌가 이루어지고 있었으며, 관련자들은 자유롭게 참여할 수 있었던 것으로 보인다. 그리고 그 이후부터 1955년 5월 2일 사이에는 한 차례도 언급되지 않았다가 갑자기 반성과 함께 재등장한다.

1955年 5月 2日 (陰 潤 3月 11日) 月曜日 晴 雨

언제나 해야 할 每週 職員 卽 月曜敎養講議와 職員會議를 언제나 빠짐없이 해야 함에도 不拘하고 그겄 하나를 제대로 施行치 못하고 있다. 이겄이 勿論 많은 出張과 많은 事務로 인해서 그러케 된 겄이나 한 번 더 나아가서 生覺할 必要가 있다고 본다. 우리들의 誠意不足이라고 먼저 規定하고 싶다. 如何한 難關과 哀路가 있다 할지라도 一週日에 한 번쯤은 職員들의 會合이 있어가지고 모-든 일을 打合하고 研究해야만 할 겄이며 敎養講義도 하는 겄이 퍽으나 좋을 겄이다. 그러나 이것이 如意치 못하드니 오늘은 뜻박에도 職員會議가 있게 되였다. 그래서 會議를 始作한 겄이 어찌 되였든 間에 2時間 20分이나 繼續되였다. 內容인즉 어떻게 하면 圓活[滑]한 面行政을 할 수 있을 겄인가. 이에 대해서 論議한 겄이 그와 같이 긴 時間을 消費한 겄이다.(『삼계일기』 1955.5.2.)

이 내용으로 미루어 보아 강좌에 대한 필요성은 인식하고 있었으나, 면사무소의 다양한 업무(잦은 출장, 징병조사, 입군 준비, 선거준비, 농업 관련 업무 등) 등으로 인하여 직원들이 한자리에 모이기도 힘들었으며, 더욱이 각 직원들의 성향이나 관심, 강좌에 대한 홍미 등도 낮았기 때문에 직원회의뿐만 아니라 강좌도 정기적으로 개최할 수 없었던 상황임을 짐작할 수 있었다.

3. "바뿌기만 잔뜩 바뿐" 공무와 강좌

이강운은 가끔 자신의 업무에 대해 "하잘것없는 未[微]官末職 바뿌기만 잔뜩 바뿌니 이 事情을 알어줄 사람 그 누구리요"(『삼계일기』 1954.5.10.), "國民學校를 같이 卒業했것만 그 사람은 지금 中學校 先生을 하고 있는데 나는 요 모양 요 꼴이란 말인가"(『삼계일기』 1955.5.23.)라며 신세한탄을 하기도 하였다. 하지만 이러한 심정을 "責任이란 무서운 겄이다. 特히 公務員된 身分으로서는 더욱더 무서운 겄이다. 나는 나의 熱意와 誠意를 다하려고 無限이 努力은 하고 있다. 個個人이 다- 각기 自己의 責任을 廻[回]避하면은 그 社會는 무너질 겄이며 各者가 맡은 바 責任을 完遂한다면 그 社會 어느 社會보다 앞슬 겄이며 明朗한 社會를 이룩할 겄이다. 그래서만이 우리들의 生活面에 曙光이 빛일 겄이다. 그래서 나는 그 責任 多少나마 履行하겠다고 食後에 바로 山水里로 行하였다"(『삼계일기』 1955.12.12.)라는 식으로 반복하여 마음가짐을 바로 하였다. 따라서 이강운에게 있어서 강좌의 의미와 가치는 더욱 컸을지도 모르겠다.

그래서 이강운이 언급한 "이겄이 勿論 많은 出張과 많은 事務로 인해서 그러케 된 겄이나 한 번 더 나아가서 生覺할 必要가 있다"(『삼계일기』 1955.5.2.)라는 내용을 기반으로, 많은 업무량 이외에 강좌가 정기적으로 추진되지 못하였던 원인에 대해 살펴보았다.

첫째, '면장선거'가 면사무소의 분위기와 업무에 영향을 주었다. 면장선거는 1956년 1월부터 계획이 되었는데, 3년간 상사로 덕망이 있었던 면장이 '토지수득세土地收得稅'로 인해 안타깝게도 사직서를 제출하였다(『삼계일기』1956.1.23.). 이강운은 이에 대해 "4287년도 土地收得稅 事件으로 因해서 數個月 前부터 辭表한다는 말을 있었으나 너무나도 뜻박으 일이다. 鄭 面長任은 確實이 人間 修養을 싸으신 분이다. 職員이나 一般 面民에 對해서 그 程度로 하시기도 어려운 노릇이다. 個人의 私慾을 채우기 위해서 收得稅를 減免한 겄도 않이요 다-만 面民의 過重한 負擔을 덜기 위해서 한 處事이겄만 最後의 責任은 面長이 單獨지고야 말었다"(『삼계일기』 1956.1.23.)라며 시대의 흐름을 따라야만 했던 면장의 퇴임을 안타까워하였다. 이에 따라 1월 30일에 선거를 거쳐(『삼계일기』 1956.1.30.), 2월 2일에 기존 부면장이 면장으로 취임(『삼계일기』 1956.2.2.)하게 되었으나 면장 반대파와 찬성파로 나누어져 취임 이후에도 영향을 미쳤던 것으로 보인다(『삼계일기』 1956.2.7.). 이강운은 찬성파에 속하였으며 면장 취임을 보면서, "사람이란 道를 닥고 修養을 거듭하는 데서 進步性이 있는 겄이어늘 나같은 人間은 그것을 빤이 알면서도 조금도 履行을 못하고 있으니 이대로 간다면은 永永 人間 破鐵이 되고 말 겄이 아닌가?"(『삼계일기』 1956.2.2.)라며 앞으로의 자기 수양修養을 다짐하였다.

둘째, 면사무소의 구조적인 문제이다. 중단되었던 강좌는 신임 면장의 제안으로 1956년 3월 12일에 재기되었다(『삼계일기』 1956.3.12.). 이에 대해 이강운은 "勿論 本 趣旨에 對하여는 雙手를 들어 歡迎한다. 他職員은 敎養을 싫어하는 職員도 있지만 나는 잘만 된다면 누구보다도 이겄을 希望한다. 그러나 面의 實情으로 볼 적에 이겄이 過然 始終一

貫 되어 나갈지?"(『삼계일기』 1956.3.12.)라며 다소 우려의 목소리를 내고 있다. 그리고 면사무소내 구조적인 문제점에 대해 "첫째 敎養을 식힐만한 知識을 갖은 사람이 있어야 할 것인데 이것이 안 되어 있고 둘째 職員들의 心理가 여기에는 벌서 他山之石으로 여기고 있다(『삼계일기』 1956.3.12.)"라며 강사 부재와 직원들의 적극적인 참여도 부족을 언급하였다.

셋째, 면사무소내의 분위기 악화로 인한 의욕 상실이다. 강좌가 제기되고 '正副統領選擧(『삼계일기』 1956.5.15.)'를 대비하여 선거법에 대한 해설 강의(『삼계일기』 1956.3.12.; 1956.3.19.; 1956.4.30.)가 한동안 이루어졌으나, 지속되지는 못하였다. 이번에는 지난번 부면장이 면장으로 선출되면서 공석이 된 '부면장 선출'로 인해 면사무소의 분위기가 어수선했기 때문이다. 이러한 심정을 일기에서는 "오늘도 面長이 돌아오지 않았으니 來日의 壯行會에 參席케 될나는지? 面長도 當選되자마자 너무도 心的 苦痛이 많다. 그 副面長의 자리 하나를 가지고 熾烈한 爭脫[奪]戰이 버러지고 있으니 너무도 過度한 處事라고 아니할 수 없다. 一方에서 取하고 있는 그 態度는 너머나도 非悅[卑劣]한 일이라고 않을 수 없다. 그 자리 하나로 말미암아 面 行政에 얼마 支障이 있는지 그 者들은 알고 있는지?(『삼계일기』 1956.4.6.)", "내가 學校에 가서 노는 것이 어떠한 目的이 있어서 가는 것도 않이요 다만 面事務所의 책상머리에 앉어 있기가 싫어서 그러한 데로 놀러 다니는 것이다. 요새는 정말 面事務所의 책상머리가 어쩐지 앉어 있고 싶지를 않다. 까닭없이 괴롭기만 하다."(『삼계일기』 1956.7.1.)라고 기술하고 있다. 이것은 상기 면장선거에서도 언급한 면사무소 내 반대파와 찬성파 사이의 싸움 때문일 것으로 생각된다. 이러한 분위기 악화는 업무뿐만 아니라 월요교양강좌에 대한 연속성 및 관심도에도 영향을 주었다. 즉 "七月의 첫 月曜日이다. 應當 月曜日인 만큼 朝會도 있어야 할 것이며 또 敎養도 해야할 것이다. 그러나 요새의 面의 實情이 그러한 것을 할 만할 處地에 놓여 있지 않다. 面長은 面長대로 職員은 職員대로 各己 마음이 虛空에 떠가지고 있다."(『삼계일기』 1956.7.2.)라며 의욕이 크게 상실되었음을 암시하고 있다.

마지막으로, 각종 선거로 인한 물리적·정신적인 여유가 없었다. 흥미롭게도 1956년에는 면장선거(『삼계일기』 1956.1.30.), 이장선거(『삼계일기』 1956.7.19.), 면의회선거(『삼계일기』 1956.8.8.), 도의회선거(『삼계일기』 1956.8.13.) 등으로 인해 한동안 강좌의 개최가 힘들었다가, 9월 3일에 제기되었다. "每週 月曜日에는 月曜敎養講座를 實施하라고 上部로부터 數次의 通牒이 있었고 또한 面長 計劃이 敎養을 徹底히 하여 보겠다고 하여 놓고 이것을 제대로 履行치 못하고 있다. 勿論 거기에는 여러 가지 事情이 많었었다. 그러나 내가 생각기에는 事情이 있엇다는 것부터가 理由에 不過한 일이라고 본다. 그래든 것이 오늘 뜻밖에 月曜朝會와 敎養을 하여 보겟다고 한다. 너무나도 初步的인 처무규정을 朗讀하고 거기에 對해서 說明을 加했다. 面 書記 數年間式의 經驗者로서 이제 새삼스럽게 處務規程을 외우고 있다는 것은 너무나도 初步的이다. 좀 더 計劃性 있고 實質性 있는 敎養을 하였으면 좋을 것 같다"(『삼계일기』 1956.9.3.)라며 당시의 심정을 표현하고 있다. 이것은 면장을 중심으로 강좌를 강화하겠다는 것으로 한동안 어수선했던 면사무소의 기강을 잡기 위한 행위로도 생각된다.

4. 면장이 바뀌면서 "每週 月曜日마다 빠짐없이 實施"

면장이 바뀌면서 1957년부터는 "每週 月曜日마다 빠짐없이 實施하고"(『삼계일기』 1957.4.22.) "잘하나 못하나 間에 그래도 每週 繼續해서 하고"(『삼계일기』 1957.6.3.)자 노력하였다. 이에 "每週 實施하는 月曜教養을 그래도 빠지지 않고 繼續 實施하고 있다는 것이 퍽으나 반가운 일이다."(『삼계일기』 1957.6.17.) 라며 반기기도 하였다. 그러나 강좌의 내용적인 면에서는 다소 냉소적이었는데, "講義를 하여 보았자 이것이 各自의 머릿속에 남어있지도 않은다. 하기야 이대로라도 하는 것이 않하는 것보다는 낳을 것이다."(『삼계일기』 1957.4.22.), "오늘도 形式的이나"(『삼계일기』 1957.6.17.) 라는 표현을 쓰기도 하였다.

어쨌든, 1957년이 되어서 "近來에 와서는 제법 빠지지 않고 履行"(『삼계일기』 1957.2.18.)하였으며, 실무강의와 이론강의(법학, 행정법 등)로 나누어져 있었으나, 업무에 필요한 실무강의가 더 활발하게 진행되었다. 이에 대해 이강운은 "나는 언제부터 이 實務講義보다는 法學講義를 希望하고 있다. 卽 憲法이나 行政法 等 우리가 앞으로 社會的인 面에서라도 利用할 수 있고 個人의 知識을 좀 더 培養할 수 있는 教養을 바라고 있다"(『삼계일기』 1957.2.18.), "實務를 하는 것보다 一般法에 對해서 해보자고 數次 建議하드니 (중략) 누가 特別하게 아는 사람도 없고 册子에 依해서 副面長이 講義하였다. 이것이 훨신 效果的인 것 같다"(『삼계일기』 1957.3.4.)라며 보다 지식함양 및 자아실현을 위한 교양강좌를 희망하기도 하였다.

그러나 강좌는 매주 개최된 것으로 생각되지만, 이강운은 "其間 繼續해 나오든 月曜教養에 出張 關係로 몇 次例 不參(『삼계일기』 1957.7.15.)

하는 경우가 많았다. 그리고 1957년 8월부터는 "月曜教養을 해야 할 것임에도 不拘하고 出荷 計劃으로 因하여 中止하고 全 職員이 二班으로 編成하여 上, 下三溪로 出張하였다"(『삼계일기』 1957.8.5.), "오늘도 月曜教養을 해야 할 터인데 副面長도 出勤하지 않고 面長도 늦게 出勤을 하여 教養은 中止하고 말었다. 事實上 이 教養講義라고 해서 實施하여 보았자 別로 所得도 없고 時間만 虛費하고 만다. 차라리 그 時間에 各自 讀書를 하는 것이 效果的일 것이다"(『삼계일기』 1957.9.9.)라는 등 면사무소 내 강좌에 대한 관심이 예전처럼 줄어드는 느낌이 들었다.

5. 월요교양강좌의 내용과 효과

(1) "軌道에 오르지 못하는" 강좌

이강운이 언급하고 있는 강좌에 대한 평가를 살펴보면, "이 教養 問題에 對해서는 누구보다도 내 自身이 歡迎하는 바이나 이것이 正常的인 軌道에 오르지를 못하고 있다. 오늘도 한다는 겄이 그렀치 別로 없었다"(『삼계일기』 1956.9.10.), "形式에 不過할 程度이다. 내 언제나 主張하는 바이지만 教養도 해볼여면 計劃을 세워가지고 教養이 될 程度도 해야할 터인데 그러지도 못하고 있으니 이겄이 公然한 時間만을 虛費하는 結果만이 되고 만다"(『삼계일기』 1956.9.17.), "教養도 할여면 좀 더 計劃性이 있고 發展性이 있어야 할 일인데 이대로 한다면은 무슨 發展性 있는 教養이 되겠는가? 公然히 貴重한 時間만 虛費하고 있지 않은가. 이렇게 한다면은 別로 취미도 갖고 싶지 않다"(『삼계일기』 1956.9.24.), "내 언제나 생각한 바이지만 이 月曜教養도 할여면은 좀 더 實質的인

面에 있어서 해야할 것이다. 盲目的으로 한 時間만 虛費하게 된다면 貴重한 時間을 무었 때문에 消費한단 말인가. 좀 더 計劃的이고 效果 있는 講義時間이 되었으면 좋겟다"(『삼계일기』 1956.10.15) 등 계획성이 없고 수업 내용의 질이 떨어진다는 이유 등으로 실망감을 느꼈기 때문에 필요성에 대해 부정적인 반응을 보였다.

그러다 1956년 11월 12일부터 "其間 數週日間을 每週 月曜敎養을 實施해 나왔든 것이 오늘따라 中止되였다. 오늘은 兵事實務이기 때문에 내가 主管을 하게 되였는데 面長도 늦게 出勤하고 副面長도 出勤치 않고 해서 中止해 버리고 말었다"(『삼계일기』 1956.11.12.)고 한다. 이로부터 한동안 강좌가 중지되었다가 12월 31일에 "秋穀 收納 督勵 關係로 每日 出張이 繼續되여 其間 數周日 月曜敎養을 中止하였었는데 收納事務도 거이 完了의 段階에 들어가고 있어 오늘은 豫定대로 敎養을 實施하였다"(『삼계일기』 1956.12.31.)라며 강좌가 제기되었다. 즉 업무(공무)를 우선적으로 수행하고, 그 나머지 시간을 할여하여 강의가 진행되었다.

또한, 강좌는 담당자를 미리 정해서 강의하도록 하였으나, 그 강의의 평가는 강사의 인성적 측면도 영향을 미치고 있었다. 흥미롭게도 존경하는 면장의 강의는 높게 평가(『삼계일기』 1957.10.8.; 1957.1.14.)하고 있었으나, 부면장의 강의에 대해서는 냉소적이었다. 예를 들어 "오늘도 副面長의 態度를 보니 分明히 어제 술을 마시엿는 것 같다. 後에 들어서 알었지마는 무슨 술을 그렇게 마시고 추접을 떨고 다니는지 그래도 副面長쯤 되면 위신도 있고 體面 維持도 좀 해야 할 일인데 너무도 過히 하고 다닌다. 좀 더 술에 對해서 注意를 하지 않은 限 언제나 한 번쯤은 봉변을 當하고 말 겄이다."(『삼계일기』 1957.1.21.)라고 할 만큼, 강사의 사생활 및 사람됨도 평가에 영향을 주고 있었다. 이러한 사항들로 미루어 보아 강의에 대한 관심과 적극적인 운영에 대한 고민은 생각보다 적었을 것으로 보이며, 이와 더불어 강의 내용에 대한 수준(질) 향상에도 한계가 있었을 것으로 생각된다.

(2) 유일하게 잘 배웠던 '주산강의'

이강운의 일기 내용을 보면, 강좌에 대한 칭찬이 매우 인색하였다. 강좌의 시초부터 다소 냉소적인 입장을 취했던 만큼, 강의의 질이나 내용에 대한 평가도 비판적이고 냉정하였다. 그 가운데 유일하게 긍정적인 평가를 하였던 강의가 있었는데, 그것은 면장이 담당했던 두 번의 주산강의였다. 흥미롭게도 두 차례 모두 강의 담당자가 사정상 불참하게 되면서, 면장이 직접 '주산강의'를 담당하게 된 것이다. "庶務實務인데 主務者가 늦게 參席한 關係로"(『삼계일기』 1956.10.8.), "教養 責任者인 庶務主務者가 上郡하고 없어서"(『삼계일기』 1957.1.14.) 면장이 주산제법珠算除法을 가르쳤다. 주산은 1950년대에 상업학교 교육과정으로 채택되었으며, 1960년대에는 초등학교 산수교과서에도 수록되었을 만큼 그 당시에는 관심과 활용도가 높았다. 즉 이러한 시대적인 상황에서 주산을 사용하지 못했던 이강운에게 도움이 되었던 것 같다. 그리고 이는 "實은 오늘 배운 것이 많엇다. 이제까지 珠算으로 除算을 할 줄 몰랏다는 데에 對해서는 일편 부끄러운 感이 없지 않다"(『삼계일기』 1956.10.8.), "珠算으로 乘除法을 배우고 있다는 것도 이제 생각하면 뒤떨어진 일 같지마는 그래도 모르는 겄이니가 배워야 할 것 같다. 아직까지도 完全이 숙달하지를 못하여 어리둥절하다. 教養이 끝난 後에는 簿册 編綴에 着手하였다"(『삼계일기』 1957.1.14.)라며 주산에 대한 도전의 계기가 되었다.

(3) 효과를 본 '협동조합 조직'

1957년 5월 20일부터 6월 3일까지, "方今 實施할여고 準備 中에 있는 協同組合에 對하여 初段階로서 우리 行政機關에 해야 할 組合員 資格者名簿 作成作成要領을 說明하고 앞으로 運用에 對한 內容 等을 說明"(『삼계일기』 1957.5.20.)을 시작으로 협동조합 조직을 대비한 공부를 시작하였다. 강좌는 협동조합법이나 규정에 대해 연구하고 토론하는 형식으로 이루어졌으며, 6월 16일에 무사히 "협동조합 조직"이 구성되었다. 특히 이강운은 예상하지도 못하였던 이사직에 선출되었다. 이것은 그동안의 협동조합에 대한 공부와 토론이 효과를 본 것이 아닐까 생각이 든다.

1957年 6月 16日 日曜日 曇 後 雨 (協同組合 組織)

그間 數日間을 두고 推進하여 나왔든 三溪里 農業協同組合 創立總會를 國民學校 教室에서 開催하였다. 내가 무슨 여기에 對하여 크나큰 責任을 갖인 바는 않이지만 發起人의 한 사람으로서 여기에 積極 協力하여 왔었다. 多幸히도 오늘의 會議는 圓滿한 雰圍氣 아래 無事히 끝을 맺었다. 總 加入者 112名 中 82名이 集合한 가운대 會議는 進行되여 臨時議長에 金學進 氏가 書記에는 내가 選出 되였다. 會議는 順序的으로 進行되는데 組合長에는 金學仁이가 絶對多數로서 當選되고 理事를 選擧하는 데는 3次 投票까지 하였다. 그 結果 나 같은 사람에게도 理事라는 감투?가 나려왔다. 나로서는 事實 생각에도 없는 일이다. 그러나 다만 一但[旦] 組織이 完了된 以上 遜色 없이 運營되여야 할 것이다(『삼계일기』 1957.6.16.).

(4) 일기 내 강의 내용 및 그 효과

강의 일정	강의 내용	담당자	비고(효과-반응)
1954.6.10.-29.	<黃登 農道院> 20일간의 교양강좌 참여		이강운 참여(다른 직원을 대신하여)
1954.7.5. (월요교양강좌 시작)	憲法解義 冊에 依해서 약 1時間 20分 程度	이강운	부면장의 제안
11.1. (郡)	行政法	內務課長	郡에를 가니 그때에야 職員會議가 있다. 그 후 月曜敎養講座가 있어서 같이 배웠다.
<1956년>			
1956.3.12. (面長의 提議로 오늘부터 再開)	正副統領選擧法	이강운	이제까지 數個月間 中斷하였든 月曜敎養講座가 面長의 提議로 오늘부터 再開키로 하였다. 勿論 本 趣旨에 對하여는 雙手를 들어 歡迎한다. 他 職員은 敎養을 싫어하는 職員도 있지만 나는 잘만 된다면 누구보다도 이것을 希望한다. 준비 미비로 중지하고,다음주로 연기
3.19.	正副統領選擧法	이강운	
4.30.	正副統領選擧法		
9.3.	處務規程 낭독		面 書記 數年間式의 經驗者로서 이제 새삼스럽게 處務規程을 외우고 있다는 것은 너무나도 初步的이다. 좀 더 計劃性 있고 實質性 있는 敎養을 하였으면 좋을 것 같다.

강의 일정	강의 내용	담당자	비고(효과-반응)
9.10.	?		이 敎養 問題에 對해서는 누구보다도 내 自身이 歡迎하는 바이나 이것이 正常的인 軌道에 오르지를 못하고 있다. 오늘도 한다는 것이 그렇지 別로 없었다.
9.17.	地方公務令을 敎養科目으로 擇해서 庶務係에서 朗讀		이것이 過然 어느 程度의 效果를 거두었단 말인가. 그나마도 全 職員이 熱誠을 다해서 같이 硏究해야 할 일인데 그러치도 않고 있다.
9.24.	戶籍實務		約 一時間 程度했으나 所得이라고는 없다.
10.1.	地方自治法	副面長	
10.8. (유일한 칭찬)	珠算으로 除算	面長任	庶務實務인데 主務者가 늦게 參席한 關係로 計劃을 變更하여 珠算으로 除算을 面長이 가르첫다. 實은 오늘 배운 것이 많엇다. 이제까지 珠算으로 除算을 할 줄 몰랏다는 데에 對해서는 일편 부끄러운 感이 없지 않다.
10.15.	會計實務	會計 主務者	할여면은 좀 더 實質的인 面에 있어서 해야할 것이다.
10.29.	行政實務	社會係 主管	別로 그리 神通한 것이 없다. 차라리 이와 같이 할테면 하지 않은 것이 나흐리라고 본다.
12.31.	肥料에 對하여 講義	産業係 主催	
<1957년>			
1957.1.7.	憲法	副面長	

강의 일정	강의 내용	담당자	비고(효과-반응)
1.14. (주산수업 만족)	面長任이 珠算除法을 前般의 뒤를 이어서 講義	面長任	敎養 責任者인 庶務主務者가 上郡하고 없어서 面長任이
1.21.	地方自治法	副面長	머리 속에는 한 가지 것도 드러오지 않았다.
2.4.	行政法	面長任	
2.11.	測量에 對해서 講義	面長任	웨 測量에 對한 講義를 뜻밖에 했나 하면 今般 里 間 道路新設 計劃에 있어서 必要하기 때문에 했든 것이다.
2.18.	雜種金 取扱規程에 대해서 實務講義	庶務係	나는 언제부터 이 實務講義보다는 法學講義를 希望하고 있다. 卽 憲法이나 行政法 等 우리가 앞으로 社會的인 面에서라도 利用할 수 있고 個人의 知識을 좀 더 培養할 수 있는 敎養을 바라고 있다.
2.25.	兵役法	이강운	財務係에서 오늘 擔當인데 出張 不在中이 되여 내가 兵役法에 對해서 講義하였다.
3.4. (효과적)	敎養誌를 根據로 삼어 法學入門	副面長	實務를 하는 것보다 一般法에 對해서 해보자고 數次 建議하드니 오늘의 敎養에는 敎養誌를 根據로 삼어 法學入門을 하였다. 누가 特別하게 아는 사람도 없고 冊子에 依해서 副面長이 講義하였다. 이것이 훨신 效果的인 것 같다.
4.1.	法學入門	副面長	어덯게 된 일인지 敎養을 해야 머리 속에 한 가지 것도 드러온 것이 없다. 空然한 時間만 虛費하고 있다.

강의 일정	강의 내용	담당자	비고(효과-반응)
4.22.	行政實務	庶務係	오늘도 月曜敎養을 잊지 않고 實施하였다. 實에 있어서 講義를 하여 보았자 이것이 各自의 머릿속에 남어있지도 않은다. 그러나 每週 月曜日마다 빠짐없이 實施하고 있다. 하기야 이대로라도 하는 것이 않하는 것보다는 낳을 것이다.
4.29.	行政法	이강운	戶籍係 擔當인데 準備가 되여있지 않아 前週 敎養講座 時 未知의 宿題로 남어있는 行政法에 對하여 내가 擔當하여 講義하였다.
5.20.	協同組合에 對하여 初段階로서 우리 行政機關에 해야 할 組合員資格者名簿 作成作成要領을 說明하고 앞으로 運用에 對한 內容等을 說明	面長任	副面長의 任實 出張으로 因하여 中止
5.27.	擔當者가 없어서 實施치 못하고 요새에 주로 알어두어야 할 農業協同組合法에 對하여 彼此 間에 硏究하고 討論		
6.3.	前週에 하다 말았던 協同組合定款에 對하여 硏究		6.16 협동조합 조직→ 이강운 이사직 선출됨
6.17.	地方自治法	副面長	오늘도 形式的이나 講義라는 것보다도 읽은 程度로서 끝났다.

강의 일정	강의 내용	담당자	비고(효과-반응)
7.15.	公務員法	이강운	事實에 있어 아무 所得이 없다고 본다. 講義를 하고 있는 나로서는 아는 것이 없음으로 남이 알어 듯고 理解하기 쉬운 講義를 못하고 그로 因하여 듣는 職員들도 여기에 別로 關心을 갖지 않고 있기 때문에 事實上에 있어 時間만 虛費하고 만다. 그러나 나로서는 責任을 完遂했다고 본다.

6. 기타 교육

1957년 9월부터는 '성인교육成人教育(야학)'이라는 단어가 새롭게 등장한다.(『삼계일기』 1957.9.8.; 1957.9.9.) 상세한 설명은 없었지만, "공무뿐만이 않이다. 금월 1일부터 실시한 성인교육 등으로 인하여 더욱 바쁘다"(『삼계일기』 1957.9.8.), "요새에 성인교육 관계 등으로 해서 저녁이면 늦게까지 자지를 못함으로 자연 중 낮이면 조을리는 습성이 생긴다"(『삼계일기』 1957.9.9.) 등으로 미루어보아 공무와 야학 강사를 병행하면서 육체적인 피로가 쌓이고 있음을 유추할 수 있었다.

1950년대 농촌 주민의 일상생활

| 이성호 |

삼계면은 전라북도 임실군의 남단에 위치하여, 남쪽으로 남원과 맞닿고 서남쪽으로 순창과 접한 전형적인 준산간지역이다. 지형적으로 삼계는 장수 팔공산 자락에서 성수면으로 뻗어 내려온 봉화산과 순창 회문산의 끝자락인 원통산으로 둘러싸인 안쪽에 위치해 있어서, 경지면적이 넓지 않고, 대부분이 임야로 구성된 곳이다. 지금은 인구 약 1천 5백여 명에 불과하고 고령화율이 40%를 훌쩍 넘긴 전형적인 농촌 마을이지만, 청년 이강운이 일기에 자신의 삶을 기록하던 1950년대 초중반경에는 1만 명을 넘는 인구를 거느린 꽤 북적거리던 지역이었다. 산간지역의 특성상 전쟁의 피해가 적지 않았고, 1955년까지도 면내에 무장공비가 출몰할 정도로 치안 회복이 늦어진 지역이기도 하다(『삼계일기』 1955.5.21.). 이러한 지역적 특성이 행정조직과 기능에 영향을 미쳤을 것이고, 동시에 주민들의 생활에도 적지 않은 영향을 끼쳤을 것이다.

1. 일상과 시장

삼계면 소재지에서 순창군 동계 쪽으로 약 2.5킬로미터 가량 떨어진 후천리에 아산시장이 있었다. 아산시장은 삼계에서 순창 동계에 이르는 지금의 13번 국도와 그 중간에서 유천교를 건너 세심리 쪽으로 가는 745번 지방도가 나뉘는 삼거리에 자리하고 있었다. 이미 시장의 흔적은 대부분 사라지고 없지만, 1950년대에는 3일과 8일에 이곳에 장이 섰다. 삼계 주민들은 아산시장에서 생활용품 등을 구입했다. 그리고 이강운은 후천리, 세심리 방향으로 출장을 나올 때면, 돌아가는 길에 이곳에서 동료들과 술을 한 잔씩 나누기도 했다. 그러나 아산장은 본래 규모도 작았고 "그다지 발전성이 내포되지 않았기에 언제나 그 상태를 유지"(『삼계일기』 1954.7.3.)하는 정도였다. 이에 비해 삼계면 소재지에서 약 8킬로미터 이상 떨어진 둔남면(현재 오수면)의 오수장은 규모도 훨씬 크고 거래량도 많았다. 그래서 삼계면 주민들은 소재지에서 8킬로미터 이상 떨어진 오수까지 장을 보러 나오곤 했다. 오수장은 5일과 10일에 오수리 원동산 인근에서 열렸는데, 특히 명절 때면 장을 보러 나온 인근의 주민들로 "그야말로 인산인해를 이루"어 "명절의 기분이 역력히" 느껴질 정도였다(『삼계일기』 1957.1.25.).

시장은 물품의 거래가 이루어지는 곳이었지만, 인근 주민들과 만날 수 있는 장소이기도 했다. 출장지의 이장을 만나기 위해서 아산시장으로 가기도 하고(『삼계일기』 1954.5.8.), 망전리에 사는 주민을 "獒樹市場에서 맞날 겄을 豫測하고" 오수로 가서 "多幸히도 일직 만나서"(『삼계일기』 1956.2.5.) 용무를 마치기도 했다.

1950년대 초중반 삼계면 주민들의 일상생활 범위는 오수시장을 크게 벗어나지 않았던 것으로 보인다. 혼인 관계는 많지는 않더라도 타 군과 타 도까지 비교적 넓게 분포되어 있었지만, 일상생활 특히 소비생활의 범위는 상대적으로 좁았다. 공무원으로 임실, 전주, 남원 등지를 빈번하게 왕래하는 이강운의 경우에, 4년 동안의 일기 내용에서 전주에서 장보기를 한 기록은 딱 두 차례뿐이다. 한 번은 입영 장정을 인솔하고 전주에 출장을 간 김에, 다음날 결혼하는 임실군청 동료의 결혼 선물 사기 위해 전주의 시장을 방문했다. 출장 용무를 마치고, "아침에 東亞婦人商會에서 가방을 2,300환 주고 하나 샀다." 그리고 "오전에 몇몇 사람이 大錫이의 紀念品을 살여고 南門市場으로 갔다. 금반지와 春秋 베르벧드 치마 그리고 거울과 사진각을 샀다."(『삼계일기』 1954.11.10.) 전주에서 장보기를 한 소감을 이강운은 "물가가 말할 수 없이 비싸다"고 기록했다.

또 한 번은 명절이면 관행적으로 벌어지는 상급기관에 대한 선물을 구입하기 위해서 전주를 방문하였다. 명절 선물 관행에 관해서 일기에는 다음과 같이 기록되어 있다.

> 언제 누가 發端하여 온 일인지 알 수는 없으나 大名節이 닥치면은 上官에게 親友에게 선物이 오고 가고 하는데 그겄도 特히 公職에 있는 者가 더욱 甚하다. 上部官廳에서는 이와 같은 幣習을 一掃하라고 말버름처럼 외우고 있으나 其 裏面에는 뒷문을 드나드는 親舊가 있기를 殷謹[慇懃]히 기다리는 사람도 없지 않을 겄이다(『삼계일기』 1956.2.8.).

1956년 음력 설을 맞아서 면장이 "任實 가서 買上 資金을 先拂 받어 가지고 全州 가서 物件을 사다 郡 署 幹部에게 주고 오라고 해서 熾範이와 같이 갔었다."(『삼계일기』 1956.2.8.) 지시대로 임실에서 돈을 구하고, 다음날 첫 버스로 전주에 갔다. "朝飯을 먹은 後에 바로 샤-쓰店에 가서 全部 샤-쓰로 삿다. 約 36,000圓 어치를 사가지고 車 時間이 되여서 바로 빠-쓰 停留所에 가서 車를 타고 나려왔다. 任實 와서 보니 熾範

이가 있어서 郡 小使를 하나 다리고 郡 幹部 舍宅에서 配達하고 署 幹部 宅에는 署 小使 하나를 다리고 配達했다."(『삼계일기』1956.2.9.)

2. 이동과 교통

1950년대 농촌지역 주민들의 외부와의 교통은 그다지 많지 않았던 것으로 보인다. 공무원이었던 이강운도 병무행정을 담당하고 있었던 탓에 1954년부터 1957년까지 4년 동안 업무상 전주, 남원은 매우 빈번하게 왕래하지만, 전라북도 외부로 나간 기록은 1957년 3월 10일부터 14일까지 닷새 동안 광주, 나주 일대의 친척들을 방문한 것이 유일하다.

전라북도 내에서도 전주, 남원 이외에는 공무원 연수를 위해 20일 동안 익산 황등의 연수원(농도원)에 가 있었던 것(『삼계일기』 1954.6.9. - 6.28.)과 김제 부용에 사는 사촌형 댁을 방문한 것(『삼계일기』 1956.6.1.)을 제외하면 거의 나타나지 않는다.

그런데 친척과 친지들이 전국 각지에 흩어져 있다는 사실이 특이하다. 예를 들어 1955년 음력설에 고향인 둔남면 신기리에 모인 사촌들이 전주, 광주, 대전, 서울에서 왔다고 기록되어 있다(『삼계일기』 1955.1.27.). 이외에도 앞서 언급한 김제, 그리고 나주, 장성의 친척들이 여러 차례 언급되고 있다.

일기에 더 자세한 내용이 들어있지 않아 파악하기가 쉽지 않지만, 이주와 방문 사이의 차이로 보아야 할 것 같다. 일기가 해방된 지 약 10년, 전쟁이 아직 완전히 마무리되기 전의 기록이라는 점을 감안하면, 이주민의 사연은 조금은 복잡할 것으로 추측된다.

삼계에서 오수까지 나오는 버스가 운행되기 시작한 것은 1956년 11월 11일부터였다고 기록되어 있다. 그리고 그해 12월 10일에 그는 임실 회의에 가기 위해서 처음으로 그 버스를 이용했다.

> 어제 午後에 뻐-쓰가 나려와서 오늘부터 通行한다고 한다. 今月 1日부터 始作한다고 하든 것이 오늘부터라도 다니게 된 것이 多幸한 일이다. 앞으로 繼續 다니기를 바란다(『삼계일기』 1956.11.11.).

> 會議에 參席키 爲하여 아침 일직히 朝飯을 먹고 停留所로 나갓다. 뻐-쓰가 다닌 後로는 처음 타 보았다. 車內는 大滿員이였다(『삼계일기』 1956.12.10.).

병무행정을 담당했던 이강운이 가장 빈번하게 왕래했던 곳은 두말할 것도 없이 임실의 군청과 경찰서였다. 임실에서 회의가 있는 날은 아침에 삼계를 출발해서 오수까지 걷거나 트럭을 이용해서 이동했다. 그리고 오수에서 임실까지는 버스나 트럭을 이용했다. 당시에는 트럭 영업이 빈번해서 화물과 사람이 같이 트럭을 이용해서 원거리를 이동했다. 삼계에 버스가 다니기 시작한 이후에도 트럭 영업은 줄어들지 않았던 것으로 보인다. 임실에서 회의가 늦게 끝나서 버스가 끊기고 나면 트럭이 지나가기를 기다렸고, 그나마 여의치 않으면 임실에서 삼계까지 걷기도 했다. 트럭을 이용하면 걷는 것보다 빨랐지만, 비가 내리면 고스란히 맞아야 했고, 겨울에는 혹심한 추위에 떨어야 했다. 그나마도 고장이 잦아서 중간에서 지체하는 일도 적지 않았다.

무엇보다도 자동차 사고 위험이 매우 높았다는 점이 두드러진다. 우리나라의 국제차량제작주식회사에서 시발자동차가 처음으로 생산된 것은 1955년 8월이었다. 이것도 미군으로부터 불하받은 지프의 엔진과 주요부품을 재생하고 드럼통을 펴서 차체를 제작했으니까, 온전한 새 제품이라고 할 수 없었다. 더구나 당시 임실군에서 운행되던 모든 자동차는 해방 이후부터 전쟁기간 동안까지 미군이 사용하다가 불하한 것들이었다. 따라서 고장률도 매우 높았고, 안전성에도 문제가 많았을 것이다. 그리고 당시의 농촌, 특히 산간지대의 도로사정도 엉망이었을 것이다. 따라서 사고가 많았고, 이강운도 실제로 사고를 목격하기도 하고, 직접 사고를 당하기도 했다.

1956年 1月 26日 (陰 12月 14日) 木曜日 曇 後 雪

時間이 늦어서 뻐-쓰는 없고 해서 步行으로 平橋 있는 데까지 到着하니 南原行 大韓 뻐-쓰가 轉複[顚覆]되여 있다. 그겄을 바라보니 悽慘하기 限이 없다. 多幸히도 卽死者는 없었다고 하나 重傷者가 많은 模樣이다. 安全第一은 步行박에 없다(『삼계일기』 1956.1.26.).

1957年 2月 16日 (陰 1月 17日) 土曜日 晴

듯는 말에 依하면 館村 管內에서 뻐-쓰 事故가 있어 莫大한 人命의 被害가 있다고 한다. 이겄이 虛僞 아니고 眞實일진대 慘酷하기 짝이 없는 일이다. 요새 連日 뻐쓰의 事故가 發生하고 있다. 運轉手의 注意가 좀 더 必要하며 短距離 旅行은 步行으로 하는 겄이 安全第一이다(『삼계일기』 1957.2.16.).

1956年 12월 23 일 (陰 11월 22일) 日曜日 晴

> 午前 9時 頃이 되여서 거의 다 集合이 되였다. 人員도 제대로 다 모여 주워서 大端히 기뻐한 나머지 阿山市場의 商人들을 싫고 오는 車로 禮樹까지 나가기로 햇다. 그러나 이 웬 뜻하지 않은 事故이였드냐. 梧枝里 앞을 지나 거기에서 待機하고 있든 壯丁들을 싫고 出發하여 不過 300餘 米의 拒離에서 壯丁 三名이 車로부터 떨어지고 말엇다. 너무나도 뜻하지 않은 이 突發的인 事故에 나는 精神을 잃고 말엇다. 달여가서 보니 竹溪里 吳炳濬이가 第一 많이 다첫다. 간신히 車에 싫고 禮樹까지 가서 病院에 入院시켜 治療를 마친 다음 나는 또 別 수 없이 任實로 가 보았다(『삼계일기』 1956. 12. 23.).

그래서 그는 오수시장을 나갈 때는 "가랑비를 맞어가며 걸어가는 맛도 위험성을 느끼면서 車를 타는 것보다는 오히려 安全하고 마음 든든하"다고 생각하였다(『삼계일기』 1956. 9. 5.). 시장에서 물건을 사가지고 돌아올 때는 별 수 없이 차를 타게 되더라도, "바쁘거나 많은 物件이 있지 않을 時에는 步行하는 것이 무엇보다도 安全에 第一"이라고 믿었다(『삼계일기』 1956. 10. 10.).

3. 농사와 생업

삼계의 주요 작물은 쌀과 보리였다. 논에는 쌀 수확 이후에 보리를 파종하고, 밭에는 무, 배추, 고추, 콩 등을 재배하고, 이것들을 수확하고 나면 밭보리를 파종하여 여름에 수확하였다. 생산된 쌀과 보리를 추곡

수매, 하곡수매를 통해서 수집하여 배분하는 것이 정부의 주요 식량정책이었다. 그 외의 작물은 대부분 시장에 내기보다는 직접 소비하기 위해 재배하는 것이었다. 이외에 대마를 재배·수확하여 공동으로 찌는 작업을 했다. 1956년 7월 29일 일기에는 대마를 수확해서 찌는 과정이 아래와 같이 기록되어 있다.

> 어제 午後에 始作할려고 했든 것이 비가 와서 中斷했다가 오늘 아침부터 大麻를 베기 始作했다...... 午前 中에 完全히 베여서 갔다 놓았다가 午後에 始作했다. 불은 내가 먼저 살려 넣었다. 그래가지고 暫間 때다가 쉬여 가지고 또 한 번 더 땠다. 거의 다 되여 삼을 낼여고 할 무렵에 비가 와서 불도 꺼내지 않고 全部 집으로 들여갔다가 비가 개인 後에 나와서 삼을 내보니 우리 겄은 六束 다 잘 익었다. 그러나 맨 밑에 있는 멧 집 겄은 물이 없어서 삼이 타버렸다. 여러 날을 두고 心慮해오든 삼을 오늘 익훠버리고 나니 氣分이 상쾌하다(『삼계일기』 1956.7.29.).

그리고 누에고치를 생산했던 것으로 보아 뽕나무도 재배되었을 것임을 알 수 있다. 당시 아산시장에는 잠견공판소가 있어서, 이곳에서 공판이 이루어졌다. 공판이 진행되는 시기가 되면 군수가 직접 공판소를 방문하기도 하였는데(『삼계일기』 1957.6.17.), 이런 점으로 미루어 보아 누에치기는 정부에서 상당히 관심이 있던 농촌사업이었던 것으로 보인다. 이외에 돼지, 닭 등 가축을 길러 가계수익에 약간씩의 도움을 받기도 했다. 이강운도 마당 한쪽에 돼지우리를 만들고 한 마리씩 키워 팔아서 "돼지 판 돈으로" 설 명절 준비를 하기도 했다(『삼계일기』

1957.1.25.).

정부로서도 식량난 해결을 위해서 쌀, 보리 등 식량작물 관리에 주력하였다. 특히 쌀 생산과 관련해서는 봄철 못자리와 모내기부터 공무원들이 직접 출장을 나가 관리하고 통제하였다. 그리고 가을에 추수가 시작되면 추곡수매 독려 차 공무원들은 사무실에 머무를 시간이 없었다.

농민들은 국가가 식량작물을 통제하는 경험을 일제강점기부터 겪어왔기 때문에, 정부의 증산계획에 대해서 "倭政時代에 했든 일을 그대로 모방"(『삼계일기』 1957.3.3.)한다고 불만을 가지기도 했다. 한편으로 정부의 추곡수매정책이 목표량을 채우기 위해 농민들을 압박하는 정도에 이르게 되면, 공무원들조차도 일제강점기의 경험을 떠올렸다. 이강운은 1955년 추곡수매 과정의 불합리함을 지켜보면서 "萬若 이겄을 强制 買入을 하게 된다면 이야말로 倭政 時 共出 以上의 慘狀이 되게 생겼다. 바라건대 自由買上 그대로 實現되기를 기다릴 뿐이다"(『삼계일기』 1955.12.17.)라고 적었다.

이 시기의 농사는 대부분 자연조건에 의해서 크게 좌우되었다. 특히 가뭄과 수해는 농사에 가장 피해를 안기는 자연재해였다. 1955년 봄철에는 가뭄이 너무 심해서 못자리가 말라붙었다(『삼계일기』 1955.5.16.). 또 그해 8월에는 수해로 인해서 전국이 백억 이상의 손해를 입었다(『삼계일기』 1955.8.16.). 일기에는 삼계면이 입은 국지적인 피해도 여러 차례 기록되어 있다.

> 面 宿直室에 자고 미처 잠이 깨지도 않어 요란스런 비소리에 잠을 깨여 가지고 밖을 내여다 보니 面廳 앞의 다리 위로 물이 넘어 道路로

흘러가며 마을 앞의 방천은 5個所 가량이나 流失이 되여 온 들판이 물바다가 되였다. 8時 頃에 비는 完全히 개였으나 그의 被害란 말할 수 없다. 三溪里 앞마을만 해도 完全 埋沒이 相當히 많으며 沈水는 말할 수 없을 程度이다(『삼계일기』 1956.7.20.).

어제밤의 비가 今年으로는 第一 큰비였다고 한다. 마을 앞 방천이 數個所 破괴되였다. 나의 논의 방천도 또다시 먼저 改修한 옆에서 破괴되였다. 氣分이 極度로 不快해서 改修하고 싶은 마음도 없다(『삼계일기』 1957.7.26.).

자연재해로 농사에 피해가 커지면 당연히 쌀값이 요동을 쳤다. 1955년 봄철 가뭄이 심해지면서 못자리 피해가 커지자 쌀값이 급등하는 모습을 일기는 구체적으로 보여주고 있다. 5월 11일 서울에서 백미 한 가마의 값이 8,300환까지 오르고, 오수의 시세도 7,000환대로 올랐다(『삼계일기』 1955.5.11.). 그 일주일 후인 5월 18일에는 서울시 쌀 시세가 한 가마에 8,700환까지 오르고(『삼계일기』 1955.5.18.), 다시 2주일 후에는 "白米 一叺에 서울 時勢도 萬三百圜을 好[呼]價하고 있으니 이것이 모두 비가 오지 않은 데 큰 原因이 있다 아니 볼 수 없다."(『삼계일기』 1955.6.1.)

이렇게 쌀값이 급등하면, 당연히 수매가격과 시장가격 사이의 격차가 커질 수밖에 없다. 이 경우에 농민들은 당연히 가능한 한 수매량을 줄이고, 기회를 봐서 시장에 쌀을 내려고 했을 것이다. 이렇게 시장가격과 수매가격의 차이가 커질 때 정부의 수매정책은 훨씬 직접적이고 혹독하게 농민들을 압박하였을 것이다. 그 정도는 가장 말단기관인 면에서 농민들과 집적 접촉하는 공무원이 일제의 공출과 다르지 않다고 생각할 정도로 혹심했던 것이다.

4. 빈곤과 생존전략

"사구라꽃이 활작" 핀 "도로변에 나서보면 봄 기분이 농후"한(『삼계일기』 1956.4.16.) 4월이면 어김없이 절량농가가 속출하는 춘궁기가 닥쳐왔다. 춘궁기는 매년 반복되고, 농민층의 생계문제가 심각해졌지만, 자연재해가 심각했던 이듬해 봄의 상황은 한층 참혹했다. 그러나 "當局에서는 食糧을 放出하여 이의 對備策을 講究하고 있으나 말뿐이지 아직 農村에서는 그의 惠澤을 입지 못하고 있다."(『삼계일기』 1957.3.6.) 농촌 식량문제는 이강운의 집안에서도 심각한 문제였다. 1955년 5월에만 두 차례나 고향(신기리) 백부 댁에서 조카가 식량을 구하러 이강운을 찾아왔다. 처음에는 쌀을 얻으러 왔었으나 구할 수 없게 되자(『삼계일기』 1955.5.18.), 두 번째에는 "利穀 좀 달라고 왔다."(『삼계일기』 1955.5.22.) 그러나 이강운은 두 번 모두 쌀을 구해주지 못했다.

그러나 농촌 빈곤에 대한 정부의 대책은 거의 없었다. 1957년 춘궁기에 즈음하여 상부에서 "救護對象者 調査를 一齊히 實施하라고 하여서"(『삼계일기』 1957.6.13.), 삼계면 전체를 다니면서 구호대상자 조사를 실시하였다.(『삼계일기』 1957.6.17.) 그리고 "里長과 같이 家庭訪問을 하면서 實地調査를 하여본 바 다 같이 困難한 家庭뿐이였다."(『삼계일기』 1957.6.13.) 그러나 구호대상자 조사는 그해 6월 20일경까지 진행되다가 조용히 중단되고 말았다. 춘궁기 식량문제를 해결할 수 있는 뾰족한 대책을 마련하지 못한 가난한 국가는 시간을 벌기위해 구호대상자 전수조사를 실시를 지시했을지도 모른다. 그러다가 보리 수확철이 다가오자 슬그머니 업무를 종결시킨 것이다.

부정기적으로 구호양곡이 배급되기도 했다. 1956년 9월 수해대책으로 구호양곡이 배급되었다. 그러나 여기에도 부정이 개입되어 있었다. 일기에서 이강운은 "任實工場에 가서 보니 盜賊놈들만이 集團하고 있다. 國産精麥을 出庫해 주워야 할 일인데 搗精을 않했다고 輸入大麥精麥으로 代用해서 주고 있다"(『삼계일기』 1956.9.20.)고 분개하고 있다.

1957년 춘궁기에는 정부에서 논란만 거듭하고 있는 동안에 "外國 民間人 救護團體로부터 配當 나온 救護糧穀이 本面에만 하여서도 900餘袋가 나왔다." 삼계면에서는 "이것을 各 部落에 가서 直接 個人別 割當을 해서 配給"(『삼계일기』 1957.4.16.)하기로 결정했다. 이튿날 "午後에 個人別 配定과 함께 現物配給도 끝마처 버렸다."(『삼계일기』 1957.4.17.) 비록 한 포대에 불과했지만 구호양곡은 춘궁기를 넘기는 농민들에게 매우 반가운 선물이었다. 그리고 배급을 담당한 공무원들에게도 "이러한 出張을 다닐 만"한 일이었다(『삼계일기』 1957.4.17.).

심각한 식량문제에 직면해 있는 가난한 농민들이 국가로부터의 도움을 기대할 수 없으면, 결국 스스로 문제에 대응하고 해결해나가지 않으면 안 된다. 일기에서 가난 문제를 마을사회나 집단이 공동으로 해결해나가려는 시도는 그다지 언급되어 있지 않다. 이것이 전통적 마을 공동체가 이미 해체되어 버렸기 때문인지는 명확하지 않다. 그러나 적어도 1950년대 초중반의 우리사회는 아직 전시 상태가 완전히 해소되지도 않았고, 가난한 신생국가의 복지제도는 확립되어 있지도 못했다. 농촌사회 전반의 극심한 빈곤은 상호부조의 전통이 작동되는 것조차

어렵게 만들고 있었던 것으로 보인다.

농촌 주민들은 부정기적으로 가끔씩 배당되는 아주 형편없는 구호물자와 구호양곡이나마 받아야 했고(『삼계일기』 1955.4.11.; 1957.6.13.), 식량이 떨어지면 쌀을 빌리러 다니기도 했다.(『삼계일기』 1955.5.18.) 그러다가 막다른 길에 몰리면 도둑질이라도 해야 했다. 빈곤한 농민이 마지막으로 선택할 수 있는 길은 스스로 목숨을 버리는 일이었다.

> 山水里를 가서 보니 거기도 어제밤에 盜難事件이 發生하였다고들 야단법석이다. 三溪里에서도 어제밤에 容基 집의 염소를 盜難 當했다고 아침부터 相當히 시끄러웠는데 山水里에 가서 봐도 거러한 不美事件이 있으니 이겄도 春窮期가 비저난 한 悲劇이라고 볼 겄인가(『삼계일기』 1956.4.27.).

> 어제밤에는 ......○○○ 氏가 絞首自殺을 하였다고 한다...... 世上을 悲觀한 사람의 數字가 늘어가는 徵兆인지? 알 수 없다(『삼계일기』 1957.2.26.).

농민들의 가장 중요한 생존전략 중 하나는 국가가 징수하는 각종 세금과 잡부금, 할당금, 징수금 등을 회피하고 연체하는 것이었다. 면사무소 직원들의 마을 출장 용무 중 가장 대표적인 것이 징세였다. 家屋稅, 收得稅, 戶別稅와 같은 세금과 농지분배 年賦償還金, 그리고 징병과 노무동원 인력 운송비용, 각종 행사 및 관변궐기대회에 든 비용 할당, 학교 신축 및 증축 비용 할당 등의 비용, 그리고 적십자회비 등의 잡부금을 면 직원들은 동네를 돌면서 징수하였다. 이외에도 추곡과 하곡 수매시기에 세금과 상환금의 현물납부도 독려하였다. 이러한 각종 징수금에 대해서 농민들은 가능한 한 회피하고 납부시기를 지연시켰으며, 가능하면 납부하지 않고 넘어가려 했다. 출장 온 공무원을 피하고, 납부 약속을 어기고 버티다가 급기야는 징수 공무원에게 '도적놈'이라고 대들기도 했다.

지금까지 우리는 농업의 쇠퇴와 농촌사회의 피폐화가 1960년대 중반 이후 한국사회의 근대화전략의 산물이라고 이해하고 있었다. 그 이전의 빈곤 문제 등에 관해서는 개발체제 이전 한국사회 전반의 절대빈곤으로 치부해왔던 것도 어느 정도 사실이다. 『삼계일기』는 드물게도 1950년대 전시체제하 그리고 전쟁 직후 농촌사회의 현실을 보여주고 있다. 일기를 통해서 우리는 전쟁을 통해서 무능함을 드러낸 가난한 신생국가가 체제를 안정시키기 위해서 전개한 형식적 지배의 양상, 혹심한 가난과 폭력적 국가통제 속에서 농촌 주민들이 선택한 생존전략을 읽어낼 수 있을 것이다.

이강운의 일상의 동선: 일기에 나타난 지명을 중심으로

| 진명숙 |

이 일기는 1954년 5월부터 1957년 9월까지 4년 여 동안의 내용이 담겨 있다. 이 기간에 이강운은 삼계면사무소 말단공무원으로 일했다. 이강운은 공무원으로서 바쁜 나날들을 일기에 빼곡히 기록했다. 그는 바쁜 업무에 치이면서 살아야 하는 말단 공무원 신세를 자주 한탄하고는 했다(『삼계일기』 1954.5.10.; 1954.6.30.; 1954.10.24.; 1956.1.15.; 1956.8.5.; 1957.1.12.; 1957.3.29.; 1957.6.20.; 1957.7.21.; 1957.8.2.). 이강운은 업무상 삼계면 관내뿐만 아니라 임실, 남원, 전주 등 잦은 출장을 소화해야만 했다. 업무 외에도 문중행사, 친인척 방문, 취미활동으로 바깥출입이 잦았다. 일기에 나타난 지명과 동선을 더듬어 이강운의 삶과 일상을 들여다보기로 한다.

1. 삼계면 관내 출장

삼계면은 임실군 남쪽에 위치하며 동쪽으로는 오수면·성수면과, 서쪽으로는 덕치면·강진면과, 남쪽으로는 남원시·순창군과 북쪽으로는 임실읍과 연접해 있다. 삼계면은 본래 남원南原에 소속된 땅으로 남원 사십팔방四十八坊 중 아산방阿山坊, 석현방石峴坊, 돌고개방乭古介坊이라고도 했다. 1895년(고종 32년) 남원에서 갈려 나와 임실군

임실군 삼계면 ＊출처(지도: 네이버)

에 편입되었고, 방이라 부르던 명칭도 면으로 개칭되었다. 1914년 행정구역 개편 때 삼천(磊川. 柳川. 後川) 유역이라 하여 또는 오수천獒樹川, 율천栗川, 사매천巳梅川의 하류라 하여 삼계면三溪面이라 하고, 후천리後川里, 봉현리蓬峴里, 세심리洗心里, 학정리鶴亭里, 죽계리竹溪里, 홍곡리鴻谷里, 산수리山水里, 삼계리三溪里, 신정리新亭里, 망전리望田里, 오지리梧枝里, 두월리斗月里, 뇌천리磊川里, 삼은리三隱里, 어은리漁隱里, 덕계리德溪里 등 16개리로 편성되었으며, 1994년에 신정리와 망전리는 임실읍으로 편입되었다.*

삼계면은 다시 상삼계와 하삼계로 나뉜다. 당시 삼계면사무소는 직

---

* 任實郡三溪面史編纂委員會, 2000,『三溪面史』, 26쪽.

원 전원이 출장을 나가야 하는 긴급한 상황이 생길 때 상삼계와 하삼계, 2개 반으로 나눠 직원을 내보냈다. 상삼계는 삼계리를 중심으로 위쪽에 있는 오지리, 덕계리, 죽계리, 두월리, 삼은리 등을, 하삼계는 학정리, 세심리, 홍곡리, 뇌천리, 봉현리, 산수리, 후천리 등을 말한다. 2개 반으로 편성된 출장이 아니더라도 이강운은 그 방면의 마을로 출장을 갈 때 상삼계, 하삼계라는 표현을 썼다. 입대 기피자 수송경비문제로 상삼계로 출장을 나가 덕계리, 오지리, 어은리 등을, 하삼계로 출장을 나가 세심리, 학정리, 봉현리, 아산시장(후천리)을 다녀왔다.

뇌천리 입구

해곡 앞 물가

삼은리 입구

> 午前부터 改良苗代 設置 指導 次 上, 下三溪로 二班을 編成하여 出發하였다. 中食을 먹고 仁秀와 春泳 氏와 같이 上三溪로 나갔다(『삼계일기』 1957.5.3.).

> 月曜敎養을 해야 할 것임에도 不拘하고 出荷 計劃으로 因하여 中止하고 全 職員이 二班으로 編成하여 上, 下三溪로 出張하였다. 나는 上三溪로 나갔다. 梧枝 一區를 다녀서 漁隱里로 나갔다(『삼계일기』 1957.8.5.).

今般 入隊케 되는 忌避入隊 壯丁의 輸送經費 關係로 鄭光朝와 같이 上三溪로 出張하였다. 德溪 梧枝 一, 二區 漁隱 二區를 다녔으나 里長을 相面치 못하고 獒樹로 나가든 中 漁隱 二區 里長을 맞났다(『삼계일기』 1954.5.25.).

오늘은 下三溪 一帶로 出張을 가기 爲하여 8時 半 頃에 出發하였다. 먼저 洗心 一區에 가서 調査를 하고 다니는데 許仁秀 鶴亭 出張 간다고 와서 같이 갔다. 鶴亭 一區에 가서 調査한 동안에 三區를 仁秀가 간다고 하여서 거기다 付託하고 나는 二區로 갔다. … 洗心 三區와 二區를 다녀서 洗心 一區 村前 酒幕에서 술 한 잔식을 마시고 나하고 仁秀는 蓬峴 二區로 나려가고 基洙와 盧植이는 바로 歸家하였다. 蓬峴 二區를 다녀 阿山市場에 가서 蠶繭共販場所에 가서 暫間 보고 거기서 理髮을 하고 川邊에 가서 沐浴을 하고 仁秀와 같이 늦게 歸家하였다(『삼계일기』 1957.6.19.).

16개 행정리 중 이강운이 출장을 나가지 않은 지역은 하나도 없을 정도로 이강운은 삼계 곳곳에 출장을 다녔다. 다음 표에서 알 수 있듯이 가옥세 징수 건으로 후천리를, 총선거계몽선도를 위해 뇌천리를, 정조식 모심기 독려를 위해 어은리를, 노동력 동원을 위해 삼계리를, 피뽑기 독려를 위해 홍곡리를, 추곡수납 독려를 위해 산수리를, 영장 교부를 위해 오지리·두월리·덕계리·산수리를, 도로정비를 위해 두월리를, 세금징수를 위해 학정리를, 개량묘판 설치 독려를 위해 오지리·어은리를, 적십자사회비 징수를 위해 두월리·뇌천리·삼은리를, 청사복구비 및 감위축출궐기대회 경비 징수를 위해 산수리를, 선거계몽좌담회를 실시하기 위해 죽계리를, 국채징수를 위해 산수리를, 하곡수납 독려 및 수득세收得稅* 고지서 발부를 위해 산수리를, 도로측량을 위해 덕계리·오지리를, 보리밭 밟기 지도를 위해 덕계리를, 돼지 콜레라 주사를 위해 홍곡리를, 노동력조사를 위해 세심리와 학정리를, 구호대상자 조사를 위해 홍곡리를 찾았다.

년도	일자	내용
1954	5.8.	家屋稅 其他 여러 가지 用務로 後川里에 出張하였다.
	5.15.	오는 5.20 總選擧에 對한 啓蒙宣傳 次 出張을 하여야 한다. … 磊川里에 가서 보니 里長도 없고 班長은 一名이 있어서 其 班長을 相對하여 部落民을 集合시켰으나 여간 모여 주지 않은다.
	6.6.	正條植 督勵 次 漁隱 方面 出張이다. 가다 보니 바로 道路邊에다 散條植을 버젓하게 하여 놓았다. 漁隱 里長 宅에서 中食을 하고 里長 및 農 業要員과 같이 나가서 심어놓은 모를 일일이 뽑았다.
	9.21.	會議의 重要目的은 今般 差出해야 할 勤勞動員 問題이다. … 이번 差出者를 引率키 爲하여서 나는 德溪里로 갔다.
	9.23.	除稗 督勵 次 鴻谷里로 出張을 가는데
	11.24.	秋穀 收納 督勵와 兼하여 初度巡視 次 吳 産業課長이 來面한다고 해서 出勤했다. 바로 收納 督勵 次 出張을 갔다. 山水里로 出張 간지도 상당히 오래 되였다. 里長과 같이 東山里에서 個別訪問을 하였다.

* 수득세는 재산세+소득세 개념으로 보리 수확 후에는 하곡 수득세를, 벼 수확 후에는 추곡 수득세를 징수했다.

년도	일자	내용
1955	1.8.	出發 計劃을 세워가지고 卽時 出發했다. 나는 梧枝 方面으로 갔다. … 令狀을 記入해서 自己 兄에게 주고 梧枝 二區에 가서 里長 宅에서 朝飯을 먹고 張判植이 집에 가서 令狀을 交付하는데 相當한 演說이 必要하였다. 거기서 斗月里로 나려와서 中食을 식혀서 먹고 金鳳柱 令狀을 自己 어머니에게 주는데 相當히 애먹었다. … 令狀을 交付하고 다시 德溪里에 가서 許基萬을 다리고 와서,
	3.8.	3月 15日에 實施하는 徵兵檢査에 對備키 爲해서 連日 바쁘다. 오늘도 아침때부터 身上明細書를 쓰고서 12時 頃 山水里에 出張을 갔다. … 山水里에 간 用務는 勿論 公務로서 壯丁名簿에 通報人의 捺印을 받을 일도 있었지만,
	3.20.	해마다 하는 일이지만 出張 中에 第一 재미없는 게 道路整備 關係의 出張이다. 가다가 中途에서 놀다가 約 11時 頃에야 나의 擔當區域인 斗月里 區域에 갔다.
	5.2.	會議에서 決議된 바 最後的인 手段으로서 職員을 二班으로 編成하여 一個 班은 稅金을 徵收하고 다른 一個 班은 增産 方面에 注力키로 하였다. 그래서 나는 稅金 徵收하는 班이 되여서 鶴亭里로 가게 되였다.
	5.6.	… 改量苗板 設置부터 强力히 하기 爲하여 오늘부터 本格的인 出張이 始作되였다. … 우리 班이 오늘 梧枝里와 漁隱里를 責任지고 나갔다.
	5.16.	오늘 各 部落으로 赤十字社會費를 徵收 次 各 里에 出張했다. 그래서 나도 斗月里로 갔다. … 斗月里에서 中食을 먹고 磊川里로 갔다. … 磊川里에 가보니 里長은 面에 나가고 없어서 三隱 一區로 갔다.
	6.3.	어제 職員會議의 結果에 依하여 오늘 斗月里로 稅金을 徵收하겟다고 出張을 나갔다.
	10.27.	金錢徵收 次 出張을 命한다. 從來 約 二年間 三隱里를 擔當하였다가 今般 山水里를 擔當하게 되였다. 出張用務 中 第一 急한 것이 廳舍 復舊費와 監委遂[逐]出蹶起大會 經費 等의 徵收이다.
	11.30.	山水里에 出張을 가느라고 아침 일직히 出發했다. 收納督勵 出張은 今年 들어 처음이다.
1956	1.10.	그 중에도 後川里에 收納 督勵 出張 가자고 해서 눈이 개인 後 갔다.
	5.6.	닥처오는 5月 15日을 數日 앞두고 오늘부터 三日間 選擧啓蒙座談會를 全道的으로 實施케 되여 나도 鄭明仲과 같이 竹溪 一, 二區로 가게 되였다.

년도	일자	내용
1956	6.8.	山水里에 가서 里長을 맛나 亭子나무 밑에서 놀다가 中食을 먹은 後 아래山水里로 갔었다. 뜻뜻한 날에 金錢 徵收하겠다고 돌아다니기도 쑥스러웠다. 그래 夕陽에 오면서 里長한테서 立替해 가지고 國債만 完納해 가지고 왔다.
	8.2.	오늘 山水里에 出張을 가서 夏穀 收納에 대하여 督勵를 해볼여고 하였든 것이 날도 더웁고 里長도 槧樹에 가버리고 없어서 斷念해 버리고 말었다.
	11.22.	數日間을 두고 調定해 나왔든 收得稅 告知書가 오늘 一齊히 發付케 되였다. 職員들이 各自 擔當部落으로 가지고 나갓다. 午前에 가랑비가 조금씩 나려서 그대로 맞고서 目的地 山水里를 갔다.
1957	2.11.	多少 測量에 對한 智識을 體得해가지고 出張 計劃을 세웠다. 나는 德溪 梧枝線을 擔當하여 李海炯과 같이 來日 出張하기로 하였다.
	3.5.	斗月 德溪里에 보리밭 밟으라고 指導 次 出張 나갔다가 用務도 있고 해서 나가 보았든 것이다.
	4.21.	뜻밖에도 豚코레라 豫防注射를 面內 一濟히 實施해야 한다고 해서 鴻谷理에 出張을 하였다.
	5.26.	日曜日인데도 不拘하고 出張을 나갔다. 今般 庶務係에서 實施하는 勞動力 調査 關係 次 出張인데 何必 郡內에서 洗心 二區와 鶴亭 一區에서 該當이 되여
	6.13.	要는 救護對象者 調査를 一齊히 實施하라고 하여서 가차운 鴻谷 二區를 다녀왔다.

면사무소 직원들은 자기 담당 부락을 맡아 출장 업무를 수행하기도 했다. 이강운은 1955년 도로정비를 할 때 담당부락인 두월리를 다녔다(『삼계일기』 1955.3.20.). 그 해 10월경에는 세금징수 출장 지역이 2년 여간 맡았던 삼은리에서 산수리로 바뀌었다(『삼계일기』 1955.10.27.). 그러다가 1957년에는 산수리에서 오지리·덕계리 두 부락을 맡게 된다(『삼계일기』 1957.1.14.).

두월리 입구

오지리 입구

산수리 입구

특히 매년 여름에는 하곡 수득세를, 겨울에는 추곡 수득세를 징수하는 게 중요한 출장 업무 중 하나였다. 이 출장은 두 어 달 지속되었다. 1955년 11월 2일, 전 직원이 각자 담당부락을 맡아 추곡 수득세를 징수하기로 결의한 후(『삼계일기』 1955.11.2.), 이듬해 1월 말이 되어서야 수득세 납부를 마감지을 수 있었다(『삼계일기』 1956.1.23.). 이강운은 수득세 독려를 위해 담당 부락인 산수리를 자주 찾았다(『삼계일기』 1955.11.10.; 1955.11.18.; 1955.11.29.; 1955.11.30.; 1955.12.2.; 1955.12.6.; 1955.12.7.). 그리고 수득세 집중 독려 기간에는 후천리, 홍곡리를 돌았다(『삼계일기』 1956.1.6.; 1956.1.10.).

> 어제 가야할 出張을 오늘에야 가게 되였다. 나 혼자만 않 간 줄 알었드니 他 職員도 않 가서 오늘사 同行하였다. 먼저 鴻谷 二區를 갔었다(『삼계일기』 1956.1.6.).

> 아침을 먹고 나니 또 눈이 나리기 始作한다. 그 중에도 後川里에 收納 督勵 出張 가자고 해서 눈이 개인 後 갓다(『삼계일기』 1956.1.10.).

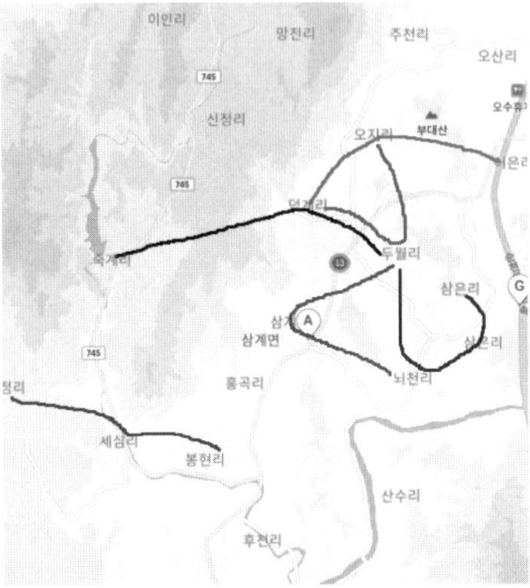

하루에 여러 지역을 출장한 사례 * 출처(지도: 네이버)

삼계면 관내 출장은 하루에 여러 행정 부락을 다닐 때가 많았다. 입대 기피자 수송 경비 건으로 덕계리-오지리-어은리를(『삼계일기』 1954.5.25.), 영장 교부하러 오지리-두월리-덕계리를(『삼계일기』 1955.1.8.), 적십자사 회비 징수하러 두월리-뇌천리-삼은리를(『삼계일기』 1955.5.16.), 도로 측량하러 뇌천리-삼은리-두월리를(『삼계일기』 1957.3.7.), 노동력을 동원하기 위해 두월리-덕계리-죽계리(『삼계일기』 1957.3.23.)를, 구호대상자 조사를 위해 뇌천리-삼계리-두월리를(『삼계일기』 1957.6.17.), 학정리-세심리-봉현리를(『삼계일기』 1957.6.19.) 돌아다녔다.

한편 죽계리에는 매형 집과 처갓집이 있었다. 그는 죽계리에 갈 때 매형이나 장모님 집에 들르거나 그곳에서 숙박하고는 했다.

> 어제 竹溪 一區에 갔다가 在修를 맛나서 山幕 가서 자고 午前 中으로 올려든 것이 姊兄의 집에 가서 잠간 노다와서 보니(『삼계일기』 1955.4.19.),

> 닥처오는 5月 15日을 數日 앞두고 오늘부터 三日間 選擧啓蒙座談會

를 全道的으로 實施케 되여 나도 鄭明仲과 같이 竹溪 一, 二區로 가게 되었다. … 一區가 끝난 後 二區로 갔다. 먼저 妻家에부터 다녀나와가지고 마을 앞에서 놀다가(『삼계일기』 1956.5.6.),

農樂이 끝났으니 오늘부터는 마음 놓고 忠實히 執務해야 할 일인데 妻家에를 아직 다녀오지 않어서 午前에 副面長에게 早退 事由를 말하고 在修와 같이 갔었다. 먼저 妻家에 가서 中食을 먹고 난 後 姊兄宅에를 가보았다(『삼계일기』 1957.2.9.).

竹溪 二區에 가서 보니 亦是 거기서도 一般이다. 여기까지 와서 妻家에 않이 가볼 수도 없고 거기 가서 中食을 먹었다. 一行이 많이 있는데 나 혼자만이 가고 보니 內心 不安했으나 별수 없는 일이엿다(『삼계일기』 1957.3.24.).

어제 新亭里에 와서 자고 오늘은 午前 일직히 始作하여 新亭里를 마치고 竹溪 一區로 나려 갔다. … 夕飯을 里長 집에서 먹고 저녁에는 妻家에 가서 놀다가 거기서 잣다(『삼계일기』 1957.8.1.).

2. 병사계 업무로 인한 임실, 남원, 전주 출장

일기를 쓴 시점에 이강운은 병사계에서 일했다. 삼계면 내 청년을 군대에 보내는 일이 그의 주요 업무였다. 그는 병사주무자회의에 참석하고, 징집자 명부를 작성하고, 영장을 교부하고, 징병검사를 실시하고,

징집 청년을 인솔·인계시키고, 때로는 징집기피자 증인 진술에 참석하느라 임실, 남원, 전주를 찾는 날이 많았다.

이 가운데 입대자를 장행회壯行會*에 인솔하고, 인계시키기까지 여러 날이 걸렸다. 우선 삼계면에서 간단하게 장행회를 거행한 후, 군 주최 장행회에 참석하기 위해 입대자들을 임실 내 여관에서 하룻밤 재웠다. 주로 봉황여관을 이용했다. 다음 날 임실동중학교에서 개최되는 장행회에 참석한 후 전주로 이동하여 다시 하룻밤을 여관에서 잤다. 전주 원평관, 낙양관, 보성여관 등에 투숙했다. 전라북도 주최 장행회는 전주공설운동장에서 열렸다. 장행회를 마치고 입대자들을 인계한 후 이강운은 서류 정리가 필요할 경우 전주나 임실에서 하룻밤 더 머물렀다. 장행회가 남원 옹성국민학교에서 열릴 때는 경남여관에서 잤다. 그렇게 삼계 청년을 인계하는 데 꼬박 3박 4일이 소요되었다.

> 三次 五回 徵集者의 入營의 날이다. 아침 일직부터 바뻤다. 豫定은 午前에 일직 壯行會를 끝마칠여고 했든 것이 集結이 느저서 늣게야 壯行會를 擧行하였다. … 酒場 車를 말하였드니 車가 금방 고장이 나서 못 간다고 해서 별수 없이 壯丁들으게 사정해가지 걸어서 가는데 多幸히도 修繕을 해가지 와서 오수까지 나갔다. 당초에 計劃은 獒樹서 뻐-쓰로 갈 예정이였든 것인데 뻐-쓰가 떠나고 없다. 中華料理집에서 壯丁의 中食을 식히고 별수 없이 酒場 車를 다시 付託해가지 任實까지 늣게야 到着했다(『삼계일기』 1954.12.13.).

* 장행회의 사전적 의미는 '장한 뜻을 품고 먼 길을 떠나는 사람의 앞날을 축복하고 송별하기 위한 모임'으로, 일기에서는 입영환송회를 뜻한다.

郡 主催 壯行會를 끝마치고 任實驛前까지 걸어갔다. 今般에는 壯丁들이 溫順한 편이다. 아무 말 없이 任實驛까지 걸었다. 驛前에서 中食을 식히고 올라가는 往[緩]行列車로 全州에 到着하였다. … 今般 全州에서 宿泊處는 寶城旅館에 자리를 잡었다(『삼계일기』 1954.12.14.).

道 主催 壯行會 場所이며 引繼 場所인 全州市公設運動場所에 아침 일직부터 集結하기 始作하였다. 오늘은 날이 추워서 그러한지 前과 같이 많은 사람이 모이지는 못했다. … 壯行會가 끝난 後 잠간 자근집에를 다녀왔다(『삼계일기』 1954.12.15.).

今般에 宿泊을 寶城旅館에서 해가지고 前番과 틀려서 經費에도 多少 差異가 있었다. 그 關係로 宿泊料 請算하는데 많은 異論 있어서 早朝부터 氣分이 나뻣다. 그러나 별수 없이 宿泊料를 請算하고 市場求景을 하고 빠-쓰 停留所에 가서 빠-쓰를 타고 任實까지 왔다(『삼계일기』 1954.12.16.).

입대 청년을 데리고 삼계에서 오수로, 오수에서 임실로, 임실에서 전주나 남원으로 이동하기까지 교통편은 항상 골칫거리였다. 오수까지 보행으로 가거나 군용차**를 탔고(『삼계일기』 1954.10.12.; 1955.1.15.; 1956.6.20.; 1957.7.7.), 임실까지 버스 편이 여의치 않을 때는 트럭을 얻

** 이강운은 스리코타라는 용어를 자주 썼다. GMC(제네널 모터스)에서 나온 차량으로 군인과 화물을 750킬로그램 실을 수 있는 차였다. 1톤의 3/4(three quarter)이 750kg이라서 스리코타로 불렸다.

어 탔다(『삼계일기』 1954.11.7.). 전주나 남원까지는 기차, 버스, 트럭 등을 이용했다(『삼계일기』 1954.12.14.; 1956.4.8.; 1956.6.21.). 어느 날은 오수로 이동하면서 청년 셋이 차에서 떨어져 다치는 사고가 발생하기도 했다(『삼계일기』 1956.12.23.).

장행회 외에도 이강운은 병사주무자합동회의나 징병검사에 참석하거나 관련 서류 문제로 임실을 자주 출입했다(『삼계일기』 1954.10.1.; 1954.10.23.; 1954.12.1.; 1955.3.18.; 1955.5.9.; 1956.1.9.; 1956.1.26.; 1956.3.13.; 1956.4.10.; 1956.4.15.; 1956.4.17.; 1956.5.3.; 1957.4.10.; 1957.5.5.). 가끔은 남원으로 갔다(『삼계일기』 1955.3.31.; 1957.5.13.). 마찬가지로 삼계-오수-임실을 오가는 버스가 많지 않아 오가는 여정이 여간 번거로운 게 아니었다. 또한, 삼계면 소재 병역기피자에 대한 법정 심문이 진행될 때 전주 검찰청에 증인 진술을 하러 가기도 했다. 일이 끝난 후 도립극장을 찾아 공연을 관람하고, 친인척 집을 방문한 적도 있다(『삼계일기』 1955.12.10.).

3. 일기에 나타난 자연마을과 산천

이강운은 삼계면 관내 출장 지역을 대부분 ○○리 1구, 2구, 3구 등으로 기록했다. 당시 면사무소 행정 관할 체계는 자연마을이 아닌 구區단위로 이루어졌기 때문이다. 그러나 당시 리마다 적게는 3개, 많게는 8개의 자연마을이 있었으며, 산천을 일컫는 지명도 많았으므로 이강운은 '구'라는 관할 지명 외에 자연마을과 산천의 지명을 적게 되는 날들이 많았다. 아래 표는 삼계면 내 지명이 들어있는 일기 내용을 간추린

것이다.*

지명		일기 내용	지명해설
오수면	원동산	오늘은 오랜만에 오수난장판에 한번 求景할여고 원동山에 가서 잠간 살펴보니 보지 못한 노름이 相當히 퍼젓드라(54.10.15.). 棃樹에 들어가서 圓洞山에를 지내자지 웬 사람들이 많기에 가보았드니 막을 처놓고 나무 위에 원숭이 색기 한 마리가 앉아 있다(55.3.30.). 圓東山에서는 씨름大會와 兼해서 도박大會가 開催되여 가지고 相當히 떠들썩하다(55.9.25.). 暫間 圓東山에 가서 農樂과 씨름大會를 求景하고 들어가서 잤다(55.10.2.).	오수시장 인근의 번화한 상가밀집지역이었다. 서커스, 도박, 씨름대회 등 난장이 자주 벌어졌다.
삼계리	함정이고개	後에사 알었지만 "함정이고개"의 소나무 하나가 俗稱 베락을 맞었는데 가서 보니 나무껍질이 베기여젔다(56.3.18.).	삼계리의 새터마을과 가루개 마을 사이에 위치한 고개이다.
	큰마을	저녁에는 큰마을 學眞이의 舍郞에서 늦게까지 놀앗다(55.6.4.). 寬植이의 소를 얻어다가 큰마을 방아간에 가서 찌였다(56.7.8.).	삼계리 자연마을의 하나인 '큰몰'을 '큰마을'로 부르지 않았을까 싶다.
	늘고개	午後에 從妹가 歸家한다고 해서 "늘고개"까지 바라다주고 돌아왔다(56.10.14.).	삼계리 탑전리 마을에서 해곡으로 넘어가는 고개이다. 『삼계면사』에는 '눌고개'로 되어 있다.
	류촌	三溪里에서 農樂을 치고 柳村으로 넘어갔기에 거기까지 가보았다(57.2.14.).	삼계리 자연마을의 하나인 벗내(버드내 또는 柳川里)로 생각된다. 삼계리 왼편으로 저수지인 柳村堤가 있다.

* 지명에 대한 해설 중 일부는 『삼계면사』, 「제二항 삼계면의 지명」(25~48)을 참조하였다. 『삼계면사』의 지명과 일기의 지명이 정확하게 일치하지는 않지만 한자나 발음이 비슷한 것들은 필자가 자의적으로 유추하여 해설을 달았다.

지명		일기 내용	지명해설
삼계리	가루개	11時 頃에 學仁이가 와서 學明이 집으로 돼지고기를 먹으러 가지고 해서 아프다는 것을 理由 삼어 副面長에게 許可를 얻어 "가루개"까지 갔다(57.7.18.).	삼계리 자연마을의 하나이다.
산수리	동산리	里長과 같이 東山里에서 個別訪問을 하였다(54.11.24.). 오늘 中食도 잊어버리고 里長과 같이 下山水里에서 督勵를 加하고 夕陽에 東山里로 올라와서 里長 집에서 저녁에 잣다(56.12.7.).	산수리 동쪽에 있는 자연마을의 하나이다.
	어목애, 魚日개, 魚目	그래서 場所를 魚目개 沈昞玉 氏 집으로 決定했다(56.5.18.). 午前에 일직히 出發해 가지고 "어목애"로 바로 가 보았드니(56.12.7.), 그러나 別로 神通한 말은 못듯고 後 收納日에 納付히겟디는 言約을 듯고 다시 "어목애"로 갔다(56.12.8.). 里長 집에로 가지도 않고 바로 "魚目개"로 건너갔다(56.12.12.). 닭 살 데가 없어서 우리들이 魚目까지 가서 사가지고 돌아와서 보니(57.6.15.),	산수리 자연마을의 하나이다. 『삼계면사』에는 '어모개'로 되어 있다. 이강운은 일기에 어목애, 魚目개, 魚目 등으로 썼다.
산수리	웨기재	目的햇든 人物이 없어서 "웨기재"로 가 보았엇다(56.12.7.). 問題의 對象인 "웨기재"를 가서 張本人을 맞나보앗다(56.12.8.).	'왜기재'는 산수리 자연마을이며, '웨기재'는 왜기재 마을에서 둔덕리로 넘어가는 고개를 일컫는다. 이강운이 쓴 웨기재는 고개가 아닌 '왜기재' 마을이 아니었을까 생각된다.
	산수동	그리고 난 後 山所[水]洞에 가서 會員一同의 紀念寫眞을 촬영한 後(57.2.3.),	산수리 자연마을의 하나이다.

지명		일기 내용	지명해설
삼은리	분토동	全州 兄任이 坌土洞 큰산소에 성묘 디리고 가자고 해서 磊川里로 해서 三隱里로 갔다(55.1.25.).	『삼계면사』에는 분토동이란 지명이 나와 있지 않다. 그러나 효령대군 증손인 춘성정(春城正) 이담손의 묘가 삼은리 분토동에 있다는 내용으로 보아* 삼은리에 위치한 지명일 것으로 추측된다.
신정리	송정치	午後에는 學仁이 하고 같이 松亭峙까지 가서 보다가(55.3.22.),	신정리 덕림마을과 망전리 건개울 마을 사이에 솔정재 고개가 있는데, 송정치는 솔정재를 말하는 것 같다.
죽계리	산막	어제 竹溪 一區에 갔다가 在修를 맛나서 山幕 가서 자고(55.4.19.), 特히 오늘 밤에는 竹溪 一區 部落에서 選手 三名이 넘어 왔었고 山幕 部落의 中老人級에서 合同해가지고 놀았기에 相當히 잘 했었다(56.2.26.).	죽계리 자연마을의 하나이다.
오지리	노산치절	그리고 午後 海炯이 하고 둘이서 盧山峙 절에를 求景 次 갔었다(55.4.30.).	오지리 비아울 마을쪽에 있는 노치산절을 말하는 것 같다. 노치산 절은 석정암(石井庵)이라고도 한다.
	수랑들	아무리 車를 기달여 않와서 途中까지 오는 車가 있어 타고 오다 "수랑들"에서 나려서 거러 왔다(54.10.2.). 特히 梧枝里는 수랑들이 바로 道路邊이 되어있으며(55.5.6.),	오지리 자연마을의 하나이다.

* http://blog.daum.net/djl8855

지명		일기 내용	지명해설
오지리	수랑들	그래서 成植이도 後川里에서 올라오고 해서 貸與糧穀 運搬한 車를 타고 수랑들까지 가서 거기서 나려가지고 一區로 갔다(56.5.7.). 梧枝 一區 수랑들 앞에 갈 때에 비가 나리기 始作하였다(56.9.5.).	오지리 자연마을의 하나이다.
학정리	은행정이	一區로 가는 途中에 三區 區域인 은행정인란 마을에 가서(55.5.3.),	학정리 내 자연마을의 하나인 '은행정이' 마을은 큰 은행나무가 있었다고 하여 붙여진 이름이다.
뇌천리	미산사 절	午後에는 米山寺에서 어제 부처님을 모셔왔다고(55.1.14.), 學淵 孝植 智植 學眞 等과 같이 米山 求竟을 갔다. 연지밭골에 가서 오래 놀다가 절에를 暫間 들여서 놀다 올려고 들여서 이야기하고 놀았다(55.6.4.). 米山寺에도 가서 보니 많은 婦人들이 와서 있다(56.5.17.).	두월리에 미산사 절터가 있었고, 뇌천리에 도통암이란 암자가 있는데, 주민들은 이 도통암을 미산사로 불렀다고 한다. 노동암 앞의 산 이름이 미산이다.*
	해곡	磊川里에서 前日의 用務를 다시 繼續하고 海谷에 가서 個人 相對해서 徵收하여 가지고 돌아오다 海谷 堤淵에서 낙시질하는 데서 잠간 놀다 歸家하였다(54.5.14.). 午後에 學仁이와 李炳愼 刑事와 같이 山水里에 가서 모욕하고 海谷에 와서 닭을 잡어서(56.8.14.), 中食 後에 面事務所에 나가보니 李海炯 沈炳八 沈燦茂가 海谷으로 술 마시로 가자고 해서(57.6.15.),	뇌천리 자연마을의 하나이다. 1914년 행정구역 개편 당시 외뇌천(外磊川), 내뇌천(內磊川), 해곡리(海谷里) 각 일부를 병합하여 뇌천리라 하고 삼계면에 편입하였다. 해곡은 바다실 마을로 불리기도 한다.

* https://blog.naver.com/r98765/221472551454

지명		일기 내용	지명해설
홍곡리	과평리	里長 吳鎬俊이를 찾어서 暫間 놀다가 科坪里로 와서 督勵를 加하고 다시 里長 집으로 갔다(56.1.6.). 里長이 科坪里에 갔다고 해서 다시 科坪里로 넘어와서 里長을 맛나 가지고(56.2.23.),	홍곡리 자연마을의 하나인 괘평마을을 과평이라고도 불렀다.
어은리	사우래	그래서 里長과 海炯 炳八 같이 "사우래"로 가서(57.3.22.),	어은리 자연마을의 하나이다.
후천리	뒷내	바로 屯南面에 가서 崔伏範이를 맛나보고 뒷내 아저씨 댁에 들여서(57.4.15.),	후천리 자연마을의 하나로 북쪽에 내가 흐르며 마을을 감싸고 있기에 붙여진 이름이다.
	아산 시장	後川里 阿山市場까지 가서 거기서 모욕을 하고(54.9.23.), 그래서 阿山市場에서 職員들 맛나가지고 蓬峴里로 다녀서 歸家했다(55.5.19.). 副面長 伯氏 宅에서 中食을 먹은 後 바로 一區로 다녀서 阿山市場에 와서 보니 洗心 出張員 一行이 있어서 거기서 合流가 되여 가지고 밤늦도록 술을 마시고(56.1.10.), 後川里 阿山市場에 가서 理髮을 할여고 나려가서 理髮을 하고 濁酒 한 잔식 마시고(56.2.23.), 오늘 처음으로 阿山市場 求景을 가 보았다. 처음 보는 市場 求景인데 이대로만 繼續된다면 市場은 復舊될 可能이 있다. 商人들도 各種 商人이 다 모혀 있고 제법 市場으로서의 面目을 갖우고 있다. 김장거리를 사서 맛겨놓고 敏植 氏가 藥酒를 사서 한 잔 마시였다. (56.11.13.). 午後에 學仁이가 阿山市場에 놀러 가자고 해서 갔다가(57.6.8.), 蓬峴 二區를 다녀 阿山市場에 가서 蠶繭共販場所에 가서 暫間 보고 거기서 理髮을 하고(57.6.19.), 蓬峴 二區에 가서 다녀서 阿山市場으로 왔다. 蓬峴 二區 里長이 따라 나와 술을 사서 조금 마시고(57.7.25.),	후천리 뒷내 북서쪽에 장이 서서 붙여진 이름이다. 아산리장터라고도 했다. 이강운은 이곳에서 이발을 하거나 시장 구경을 했다. 또 주민들을 만나 술을 마시고는 했다.

지명		일기 내용	지명해설
덕계리	송정, 송정 주막	오는 途中에 비가 또 繼續하여 松亭酒幕에서 잠간 쉬는데(54.7.28.), 松亭에를 가니가 里長이 今般 該當者를 다리고 나와서 거기서 잠간 쉬였다가 같이 돌아왔다(54.9.22.). 午後에는 昨年에 松亭이에서 이러난 自動車 事故로 死亡한 里長들의 小祥에 會計員이 代表로서 弔問을 갔다(55.3.3.). 그래서 今般에는 光朝가 引率한데도 不拘하고 松亭까지 따라갔다가 돌아왔다(56.6.6.). 오다가 松亭 酒幕에 들어가서 술 한 잔식 마시고 왔다(57.1.11.). 11時 頃에 學淵 範植 世旭과 같이 松亭에 가서 술 한 잔식 마시고 왔다(57.1.16.). 가는 途中 松亭에서 相武를 맞나가지고 酒幕에서 놀다가(57.1.17.), 그러나 松亭에 가서 머믈르고 마렀다(57.5.3.). 松亭 酒幕에서 놀다가 斗月里로 들어가 보았다(57.5.8.). 그래서 出張用務만을 記錄하여 놓고 나오니가 松亭에서 기다리고 있다고 하여 그리 가서보니 吉雨와 같이 있엇다(57.6.21.).	덕계리에서 삼계리 방향으로 송정마을이 있는데, 송림 속에 정자가 있다고 하여 붙여진 이름이다. 이 마을에 술을 마시는 주막이 있었다. 이강운은 주막에 들러 잠깐 쉬거나, 주민들과 술을 마시거나 했다.
기타	사망당 고개	三溪로 오는 車를 기다릴여다 바로 걸어서 오는데 "사망당고개" 있는데 오니가 三溪 오는 車가 지나가 버린다(54.11.12.).	오수면 대명리에 위치한 고개이다.
	남악	南岳이에서 獒樹까지 나오는데 눈이 한낫식 나린다(54.12.2.).	오수면 대명리 자연마을의 하나이다.

4. 고향에 대한 열망: 오수면 신기리

이강운 부친의 고향은 오수면 신기리이다. 그런데 이강운은 관촌면 덕천리에서 태어났다. 이강운 부친 대의 아들 손이 귀해 타지의 물을 먹으면 아들을 낳는다고 하여 덕천리에 잠시 살다 마침내 아들을 얻게 된 것이다.* 이강운이 2~3세 되던 해에 아버지가 세상을 떠나자 모친은 고향인 삼계리로 들어와 생계를 꾸렸다. 이강운은 명절이나 묘사 때 신기리를 찾아 집안堂內 활동에 참여했다. 이강운은 일기에 부친의 혈족 및 친족이 살고 있는 신기리에 대한 그리움을 강하게 표출했고, 언젠가는 고향에 가서 살 것이라는 희망을 품었다. 그런데 점차 친족 간의 단합이 잘 안 되는 것에 안타까움을 느끼며 고향에 대한 열망도 조금씩 사그라든다.

> 나도 故鄕에 가면 一家들도 많건마는 他鄕에 와서 있기 때문에 이와 같지 않은가. 하루 速히 그리운 내 故鄕에 가서 나도 재미있는 때를 보냈으면 싶은 생각뿐이다(『삼계일기』 1954.10.5.).
> 내 故鄕!! 이 얼마나 幸福스럽고 多情多感한 데냐. 現在 내가 살고 있는 三溪里도 내 故鄕과 같으나 그래도 어덴지 마음에 틀린다(『삼계일기』 1955.1.25.).

> 故鄕의 즐거움이란 겄이 여기에 있다. 내 집안 大小家이라면 서슴없이 드나들 수 있는 겄이 더욱 活潑하다. … 언제나 故鄕山川에 들어가서 安樂한 生活을 할 수 있을난지?(『삼계일기』 1955.1.28.).

> 나도 이제는 조금만 더 힘쓰면 故鄕에 가서 살 수가 있다. 이번에 놀

* 이강운의 아내인 태재남과 그의 장남 이홍재의 구술 증언에 따른 내용이다.

아본 經驗으로 해서 故鄕이란 것이 얼마나 좋은 곳이란 것을 切實히 느꼈다. 自由 있는 곳이라고는 故鄕밖에 없다고 본다(『삼계일기』 1955.3.2.).

나는 거기서 헤여저 오면서 "故鄕이 그리워도 못가는 身勢" 하면서 혼자서 노래를 부르며 왔다. 事實 헤여저서 오기가 섭섭했다(『삼계일기』 1955.4.6.).

벌서 큰 집에 온 지가 3일째이다. 오늘은 별수 없이 집으로 돌아가야 하겠다. 몇 年前에만 하여도 一年에 잘해야 正初에에 한 번 오와서 하루밤 程度 자면은 그 다음날 바로 집으로 가고 했는데 昨年부터는 어찐지 故鄕이 그리워지고 故鄕에 있는 나의 一家親族이 그리워저서 한 번 오면 다시 가기가 싫어지고 가면 다시 오고 싶으니 이 일을 어찌하면 좋을 것이냐(『삼계일기』 1955.10.23.).

昨年까지만 해도 急作히 故鄕이 그리워지고 故鄕에 가서 살고 싶으드니 어쩐지 至今에 와서는 別로 그리 생각히 많치를 않다. 그렇다고 해서 싫다는 것은 않이지만 昨年과 같이 마음이 動하지는 않은다(『삼계일기』 1956.2.18.).

故鄕이라고 찾어가 보았자 반겨하여 맞이하여 준 사람 하나 없건만 그래도 어쩐지 그리운 것은 故鄕뿐이다. 돌아오면은 어덴지 모르게 쓸쓸한 感이 돌고 있다(『삼계일기』 1956.12.27.).

故鄕이 그리웁고 故鄕을 사랑하든 나의 마음은 이제 차츰 變하여 지는 것 같다. 웨 故鄕을 그다지도 그리워하든 내 마음이 突變하였단 말인가? 너무도 親族끼리 團合이 안된다는 것이다(『삼계일기』 1957.2.1.).

신기리는 삼계면과 인접해 있어 이강운이 사는 삼계리와는 그다지 멀지 않다. 뇌천리, 삼은리를 지나면 나오는 마을이다. 그는 신기리에 갈 때 항상 걸어서 갔다. 신기리에 가면 큰집(백부)을 찾았고, 설날이나 추석 때는 2~3일 정도 머물렀다. 그리고 전주이씨 묘사墓祀, 이장移葬, 사초莎草 등의 문중활동에도 참여했다. 아래 표는 일기에 나오는 신기리와 관련된 지명이다.

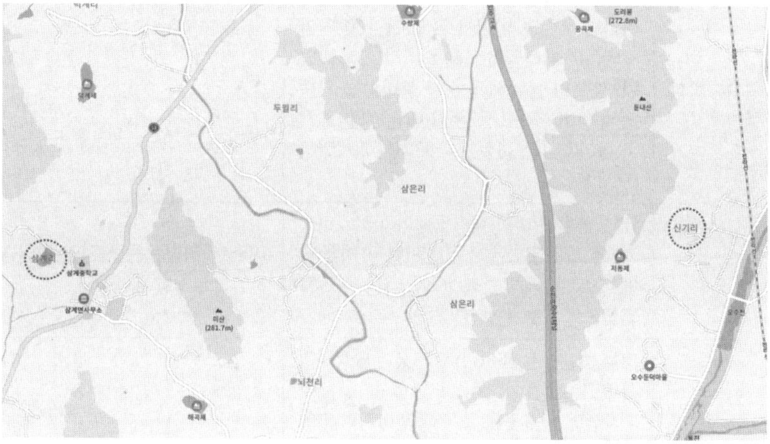

삼계리와 신기리의 위치

* 출처(지도: 네이버)

지명	일기 내용	지명해설
신기마을	新基마을 앞의 냇물을 것느는데 相當히 기펐다(56.4.11.).	신기리 내 자연마을로, 현재 신기리에는 신기마을 하나밖에 없다.
서내	그 後에 從兄과 서내 山所에 성묘했다. 먼저 五代祖父의 墓에 성묘하고 아버님 山所에 성묘했다. …七祖 山所와 큰어머님 山所에 성묘하고 角洞 祖父母任 山所와 九代祖의 山所에 성묘를 들었다(55.1.26.). 이번 淸明日에 서내 큰산소에 사초를 한다고 하기에 그날 兼해서 아버님 산소에도 사초를 하기로 했다(55.3.30.).	
둔기리	그리고 밤 지내로 해서 屯基里 九長 大父 집에를 갔드니 여간 반가히 하였다(55.1.26.).	오수면 법정리의 하나이다.
삭실	오늘도 일직부터 "삭실" 성묘를 하러갔다. 途中에서 屯南面長任 맛나게 되였다. "삭실" 가서 祖母 6代祖 8代祖 祖父任의 山所에 성묘를 들였다(55.1.27).	
揷谷, 삽실	鐵路를 따라 揷谷을 가는데 들에 나물 캐는 아가씨나 논과 밭에서 풀을 매는 農夫 아낙네들이 우리들의 行動을 바라보고 서 있다. 따뜻한 봄날에 훈훈한 봄바람을 가슴속에 받어가며 山길 논길 道路 等을 헤치고 돌아다녔다. 삽실은 나도 처음 가보았다(56.4.11.).	
탑골	내 一平生에 나의 所有土地이라고는 아직 가저보지도 못했는데 新基里(탑골) 마을 앞에서 畓 813坪에 白米 20叺 5斗를 주고 賣買契約을 締結하였다(55.3.2.).	1955년 이강운은 신기리 탑골 마을에 토지를 매매했다.
서천	오늘 처음으로 西川 山所 時祭에 參席하였다(56.11.20.). 어제밤에 新基里에 가서 起翼 아저씨 宅에 가서 늦도록 놀고 돌아와서 西川 祭閣房에서 자는데 數個月間 비어두었든 房에다 불을 땐다고 해야 추워서 잠도 제대로 자지 못하고(56.12.27.),	

지명	일기 내용	지명해설
서천	午前에는 基洞 從兄과 같이 省墓를 다니였다. 原則으로 다닐여면 一日間에도 다 못 다니는데 時間 關係로 다 못 다니고 西川 宗山에 省墓만을 다녀왔다(57.2.1.).	
기타	中食은 角洞 木士洞 아저씨 宅에서 身勢를 끼쳤다. 茂山 政碑亭 新基 案山 等을 다니고 나니 해는 西山을 넘어 오늘 하루의 自己의 用務를 無事히 마치고 저의 갈 <길>로 사라지고 말었다(56.4.11.).	

한편, 1957년 이강운은 4박 5일 일정으로 광주를 다녀온다. 광주행의 목적은 신기리 큰아버지의 부탁으로 사촌 누이를 시가媤家에 데려다주기 위함이다. 그는 누이를 데리고 삼계에서 오전에 출발하여 오수, 남원, 담양, 광주를 거쳐 최종 목적지인 나주 대촌면에 도착한다(『삼계일기』 1957.3.10.). 그리고 광주에 사는 여러 사촌 집을 방문한 후 삼계리로 돌아왔다(『삼계일기』 1957.3.11.; 1957.3.12.; 1957.3.13.; 1957.3.14.). 4년 여 기간의 일기에서 이강운이 전라북도 밖을 벗어난 것은 이때가 유일하다.

지금까지 일기에 나타난 지명을 통해 이강운의 일상의 동선을 확인하면서 그의 삶의 궤적과 역사를 들여다보았다. 그는 세무, 병무, 농사, 교통, 축산, 노동, 선거 등 온갖 업무를 수행하러 삼계면 곳곳의 마을을 찾았고, 임실이나 전주를 다녀오기 위해 끊임없이 발품을 파는 일상을 보냈다. 어쩌다 출장을 미루고 거부하기도 했으나 결국 면 직원으로 수행해야 할 출장 업무를 완수하지 않을 수 없었다. 삼계면 각 마을은 걸어서 돌아다녔고, 임실이나 전주를 다녀오기 위해 오수로 나가야 할 때는 교통편이 여의치 않아 오수까지 걸어가거나 트럭을 얻어 타는 일이 많았다. 국가의 기틀이 전혀 갖춰지지 않은 상태에서, 국가의 가장 하부 행정기관인 면사무소의 말단공무원으로 1950년대를 살아간다는 것이 얼마나 처량하면서도 고된 나날들이었는지를 그의 일기에서 고스란히 읽을 수 있었다. 이러한 가운데에서도 그는 송정 주막이나 오수시장, 아산시장에 들러 목을 축이고, 뇌천리 해곡 물가에서 멱을 감고 닭을 삶아먹으며 소소한 행복을 찾고, 다시 일상으로 복귀할 힘을 얻었다.

일기에 나타난 지명의 큰 축이 면행정의 공공 업무를 수행하기 위해 기록된 것이라면, 다른 작은 축은 부친의 고향을 자신의 고향이라 여기며 일가친척이 있는 오수면 신기리를 그리워하는 내용이다. 그는 신기리 큰아버지에게 정성을 다했고, 명절이면 늘 고향을 찾아 인사를 드렸다. 서내, 삭실, 삽곡, 서천 등 고향의 문중 묘사에 참여하며 자손의 도리를 다하고자 했다.

고향과 타향살이:
1950년대 농촌사회에서 고향에 대한 감정의 기원과 변화

| 양선아 |

1. 고향과 타향, 감정의 영역

삼계리는 이강운이 평생을 살았던 마을이다. 임실군 오천면(현 관촌면) 덕천리에서 출생한 이강운은 9세 때 외가가 있는 삼계면 삼계리로 이주해와 이곳에서 보통학교를 졸업하고 결혼을 하였다. 19세에 면사무소 사환으로 일을 시작한 그는 대부분의 공직 생활을 삼계면사무소에서 보냈으며, 직장 때문에 삼계리 밖으로 이사를 나갔던 적은 없었다. 그의 인생에서 삼계리를 떠나 있던 시기는 18세 때 광주 작은아버지 댁에서 지내며 구두 제작 기술을 배우던 1년과 30대 초반 군에 있었던 8개월 정도가 전부이다.* 유년시절을 제외하고 인생의 대부분을 보냈던 삼계리는 저자에게 어떤 곳이었을까? 『삼계일기』에는 20대 중후반의 저자가 삼계리에 대해 느끼는 복잡한 감정이 잘 나타나 있다.

『삼계일기』에서 인상적인 부분 중 하나는 저자가 삼계리를 "타향"으로 느끼는 대목이다.** 저자가 고향으로 지칭하는 곳은 친가가 있는 둔남면(현 오수면) 신기리이다. 저자는 간혹 타향살이에 대한 쓸쓸함이나

---

* 일기에 나와 있지 않은 저자에 대한 정보는 그의 장남인 이홍재 선생님으로부터 제공받은 것이다.

** 이 글에서는 일기에 나온 표현이나 단어를 인용할 때 " "를 사용하였다.

고향으로 이주하고 싶은 마음을 내비치고 있기도 하다. 고향의 의미를 사전에서 찾아보면 '자기가 태어나서 자란 곳', '조상 대대로 살아온 곳' 또는 '마음속에 깊이 간직한 그립고 정든 곳' 등으로 정의되어 있다. 이 중 현대 도시인에게 가장 다가오는 고향에 대한 정의는 '태어나서 자란 곳'일 것이다. 이런 시각에서 보자면 자기가 자라고 생활하고 있는 마을을 타향으로 여기는 저자의 감정이 낯설게 느껴질 수도 있다. 더욱이 삼계리는 저자의 외가가 있는 곳으로 연고가 아주 없는 것도 아니었다. 고향과 타향이라는 구분은 감정적인 것으로, 삼계리에서의 삶을 타향살이로 느끼는 저자의 감정을 이해하기 위해서는 집성촌이 지배적이었던 삼계면 일대의 상황을 먼저 살펴볼 필요가 있다.

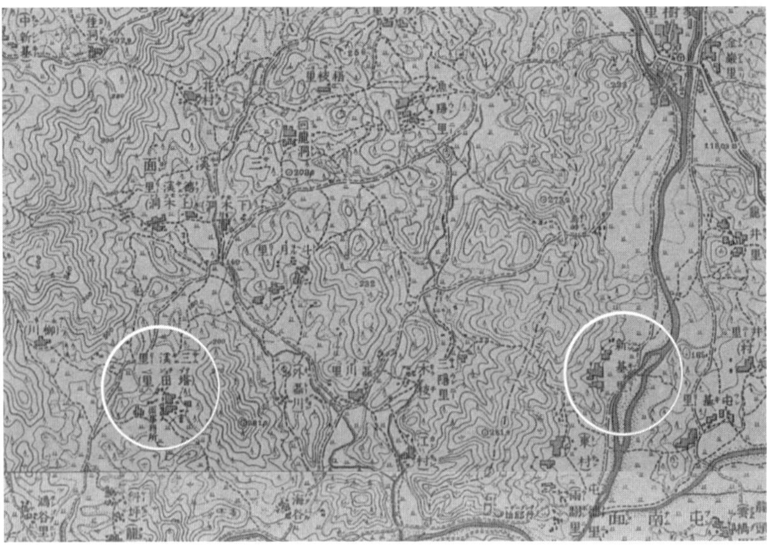

삼계리와 신기리 (1917년 측도, 임실 및 남원 도엽)

2. 고향, 일가一家가 모여 사는 마을

오늘은 9月 9日로서 아침부터 차사군들이 왔다 갔다 한다. 나도 세수를 하고 차사를 드렸다. 언제나 혼자서 차사나 제사를 지내기 때문에 쓸쓸하기 짝이 없다. 남들과 같이 盛大히 하였으면 한 生覺 뿐이다. (…) 午後에 殷植 氏 家에서 學冑 學明 學禹 學胤 魯植 等과 같이 술을 먹었다. 여기서도 나는 大端히 쓸쓸한 感을 느꼈다. **全部가 다 自己들의 一家들로서 서로 재미있게 對하는 것을 보면 더욱히 외로워진 感이 든다. 나도 故鄕에 가면 一家들도 많건마는 他鄕에 와서 있기 때문에 이와 같지 않은가.** 하루 速히 그리운 내 故鄕에 가서 나도 재미있는 때를 보냈으면 싶은 생각뿐이다(『삼계일기』 1954.10.5.).

오늘은 今年 一年의 처음 길을 밟는 날이다. 아침에는 일직 일어나야 할 것이요 또한 先靈의 奉祭사를 지날나매 아침 일직부터 바빠야 한 날이다. 나도 내 간에는 일직히 일어나서 洗手를 하고 옷을 갈어입었다. 煜植이와 次植이가 歲拜를 하러 왔다. **아침에 차사를 지내는데 나 혼자서 지내게 되니 마음에 좋지 않했다. 내 홀로 쓸쓸히 過歲를 하게 되니 寒心하기 끝이 없다. 勿論 내가 獨子이기 때문에 그러하지만 그렇다 하여도 他鄕만 않이였어도 이와 같은 않을 것이다.** 우리 從兄弟들도 全部 한 데가 살면 남만 못할 택이 어데 있으랴. **他鄕의 외로운 몸이란 主로 이와 같은 名節 또는 冠婚喪祭의 大事에 더욱더 쓸<쓸>하여진다. 朝飯을 먹고 歲拜를 하러 다니기 始作했다. 여기에 困難하였다. 같이 同行해서 歲拜 다닐 사람이 없으니 혼**

자 다니기에 大端 거북하고 쓸쓸하였다. 에직간이 다니고 집에를 와서 보니 全州 게신 從兄任이 오서서 게신다. 어제 全州서 나려오서서 新基에서 過歲하고 아침 일직히 나서서 오셨다고 한다. 午後에는 兄任과 같이 놀다가 저녁 판에 孝植이네 舍廊에서 한숨 잤다. 年中大名節이지만 그다지 興味가 없다. **他鄕의 외로운 몸이라 더욱 그러한 感이 있다. 來日은 그리운 내 故鄕인 新基里에 가게 된다.** 마음에는 一便 기쁘기도 한다(『삼계일기』 1955.1.24.).

위는 저자가 1954년 중양重陽과 1955년 설에 남긴 일기이다. 설과 중양은 조상에게 차례茶禮를 올리는 명절이다. 이 일기에 따르면, 가을 추수 후 수확물을 조상에게 바치는 명절은 추석이나, "穀食이 未熟한" 해에는 추석 대신 중양에 차례를 지냈다(『삼계일기』 1955.9.30.). 저자는 명절이나 관혼상제와 같은 대사大事에 타향의 외로움을 더욱 느끼고 있는데, 이와 같은 감정은 "일가一家"와 함께 어울리지 못하는 데서 연유하고 있다. 일가가 없는 삼계리는 이강운에게 타향이었으며, 이곳에서의 생활을 저자는 "타향살이" 또는 "타관살이[他官-]"로 표현하고 있는 것이다.

이 일기에서 "일가"란 부계친족을 가리키며, 저자가 고향이라고 부르는 신기리는 일가의 "대소가大小家"가 모여 사는 곳이다. 한국사회에서 동성동본同姓同本의 부계친족들이 모여서 사는 마을은 집성촌集姓村이라 한다. 1933년에 조선총독부에서 발간한 『朝鮮の聚落』에 따르면, 당시 조선에는 15,000개의 집성촌이 있었던 것으로 파악되었다. 집성촌은 조선 중기 이후 성리학적 질서에 기반한 적장자嫡長子 중심의 부계친족 체계의 형성과 함께 나타났으며, 그 시작은 지역에 정착한 재지양반在

地兩班을 중심으로 이루어졌다. 재지양반의 세거지世居地 정착 경로는 두 가지 유형으로 나뉘는데, 첫 번째 경로는 고려시대 토착 세력에서 분기하여 중앙 관료를 거쳐 원래 세거지에 정착하는 경우이다. 두 번째 경로는 외래양반外來兩班이 새로운 군현으로 이거移居하는 경우이다. 외래양반의 입향入鄕은 혼연婚緣을 바탕으로 처가가 있는 고장으로 이주하거나, 지방 외관外官으로 벼슬살이를 한 인연으로 이루어지는 경우가 많았다. 조선 중기 이후 성리학적 질서가 양반들의 생활문화로 정착되면서, 재지양반들은 자신의 거주지 인근에 차남 이하의 자손들을 분가시켰고, 시간이 지나면서 거주지의 인구가 증가하게 되었다. 재지양반들을 중심으로 집성촌이 생겨나면서 일반 상민常民들도 이를 따라 집성촌을 형성하였다. 집성촌은 모두 반촌班村이라고 할 수는 없으나, 조선 후기 양반 문화의 형성과 이를 지향하는 사회 전체적인 흐름 속에서 확산되었던 역사적 구성물이다. 1914년 행정구역 통폐합 이전 전국 동리洞里 총수가 62,532개였던 것에 비추어본다면, 전체 촌락 수에서 집성촌의 비율은 그리 높은 편은 아니다. 그러나 집성촌은 혈연과 신분적인 요소가 결합하여 지연적인 형태로 구현된 한국사회의 독특한 마을 형태로서, 20세기까지 이어지는 전통 마을의 형성에 중요한 한 축을 이루었다.

삼계리가 있는 삼계면 일대는 집성촌이 발달한 곳으로 유명하다. 2000년에 발간된 『삼계면지』에 따르면, 10호 이상이 하나의 행정리에 집단 거주하는 동성동본의 수는 26개이다. 이 중 후천리(풍천노씨), 두월리(연안김씨와 경주이씨), 석천리(풍산심씨), 괘평리(경주김씨), 산수리(경주김씨), 삼계리(경주김씨), 신기리(경주정씨), 음지리(경주이씨), 삼은리(해주오씨), 어은리(청주한씨) 등은 동성동본이 20호 이상 거주하는 마을들이다. 삼계리에 거주하는 경주김씨는 61호로, 삼계면에 있는 집성촌 중에서도 그 규모가 가장 크다. 저자의 외가도 경주김씨 집안이다. 1954년 중양절 일기에 언급된 이름들에서 볼 수 있는 '學'자와 '植'자는 삼계리 경주김씨 항렬자行列字로서, 이와 같은 돌림자 이름은 집성촌 주민들의 이름에서 흔히 볼 수 있는 모습이다. 일기에 나오는 "대부大父"라는 호칭은 '할아버지와 같은 항렬인 유복친有服親 외의 친척'을 가리키는 말로, 일가 친족들이 모여 사는 마을에서 촌수寸數를 일일이 따져가며 상대방을 부를 수 없었던 집성촌의 상황을 짐작하게 한다.

저자의 일가가 있는 신기리는 전주이씨 집성촌으로, 삼계리에서 동쪽으로 약 5㎞ 떨어진 곳에 있다. 저자가 외가 동네인 삼계리에 정착하게 된 것은 그의 가정사 때문이다. 이강운은 그의 부모가 40대 중반의 늦은 나이에 본 아들이다. 이강운은 위로 세 명의 형이 있었으나, 모두 어린 나이에 세상을 떠났다. 아들들을 연달아 잃은 그의 부모는 아들을 보기 위해서는 타관에 가서 살아야 한다고 해서 덕천리로 옮겼다. 그곳에서 태어나 어린 시절을 보내던 이강운은 4세 때 아버지가 돌아가시는 아픔을 겪었다. 그의 어머니는 시댁이 있는 신기리로 가지 않고 경제적 도움을 계속 주었던 친정의 권유를 받아들여 저자의 나이 9세 때 삼계리 친정집 근처로 이사를 하였다.

신기리에는 저자의 큰아버지가 여전히 살고 있었다. 큰아버지 댁에는 4대 조상의 신주를 모셔두는 사당이 별도로 있었다. 조선 후기 유교식 제사 문화의 정착과 함께 집안에 사당을 두는 양반 집안이 증가하게 되었다. 제사를 모시는 장자長子의 집에는 사당이 있어야 하나 이는 이상형이었으며, 형편이 안되는 집은 대청에 벽감壁龕을 두어 신주를 모셨다. 종손이 아님에도 불구하고 큰아버지 댁에 사당이 있었다는 사실은 양반 문화를 상징하는 유교식 제사 문화가 이 일대에서 공고히 자리를 잡았음을 짐작하게 한다. 저자가 신기리를 방문했을 때 언급되는 종산宗山과 재실齋室 등도 양반이 주도한 종중宗中 문화의 요소들이다. 신기리 전주이씨 집안은 종산을 관리하는 산직山直을 별도로 두었다. 산직은 보통 종산 관리뿐만 아니라 그 집안의 대소사에서 허드렛일을 도맡아 하던 사람이다. 대개 산직은 타성他姓의 사람이 보았는데, 반상 구별이 관습적으로 남아있던 20세기 전반까지만 해도 아랫사람이라고 불리는 상민 이하의 사람들이 이 일을 맡았다.

반상구별의 지표가 되는 부계친족집단이 발달한 사회에서 타성이 집성촌의 대성大姓들과 동질감을 느끼며 살아가기란 어려운 일이었을 것이다. 저자가 자신이 태어나서 자란 곳도 아니며 자기 주거지가 있는 곳도 아닌 신기리를 고향이라고 부르고, 자신의 인생에서 가장 오랜 세월을 보내고 현재 거주하는 삼계리를 타향이라고 느끼는 감정은 이와 같은 맥락에서 이해할 수 있다. 저자의 경우 삼계리는 외가 동네이고 지척에 자신의 일가가 모여 사는 마을이 있었을 뿐만 아니라, 한말에 감역監役 벼슬을 지낸 조부 이승의李升儀가 임실 일대에서 명성이 있었던 인물이었다는 점에서, 마을 내에서의 그의 위치나 사회관계는 신분적인 하대를 겪기도 했던 소수의 타성 사람들과는 상황이 전혀 달랐을 것으로 짐작된다. 기존 연구에 따르면 1950년대까지만 해도 농촌에서는 반상구별의 잔재들이 남아있었으나(안승택, 2019; 오창현, 2008), 이 일기에서는 그런 흔적이 거의 발견되지 않는다. 이는 이 일대에서 반상관계 유제가 일찍 사라졌기 때문일 수도 있거나, 아니면 저자가 그런 사회관계에 노출이 적었기 때문일 수도 있다.

저자가 삼계리를 타향이라고 느끼는 감정을 일기에 표현하는 때는 주로 신기리를 다녀올 때이다. 저자는 명절이나 일가의 혼상례, 집안의 시제時祭나 묘역의 사초莎草, 이장移葬 등의 일로 신기리를 방문했으며, 짧게는 하룻밤, 길게는 3~4일도 그곳에서 묵었다가 왔다. 며칠을 신기리에서 묵게 되면 일가의 여러 집에서 식사를 대접받고, 밤늦게까지 또래의 친지들과 어울려 지냈다. 신기리를 떠나는 날의 일기에는 상투적이라고 느껴질 만큼 거의 매번 고향을 떠나는 섭섭함이 적혀 있다.

타향살이의 외로움에 대한 토로는 신기리를 다녀올 때마다 반복되는데, 이와 같은 감정을 야기한 마을 분위기는 다음의 대목들에서 그 실상을 짐작해볼 수 있다.

> 돌아와서 大村 아짐과 水洞 아집을 가보았다. 두 집에서 다 果實과 飮食을 내놓아서 먹었다. 故鄕의 즐거움이란 것이 여기에 있다. 내 집안 大小家이라면 서슴없이 드나들 수 있는 것이 더욱 活潑하다(『삼계일기』 1955.1.28.).

> 其後 陰 1月 22日에는 新基里 亨宰의 大事에 가서 놀았다. (…) 이번에 놀아본 經驗으로 해서 故鄕이란 것이 얼마나 좋은 곳이란 것을 切實히 느꼈다. 自由 있는 곳이라고는 故鄕박에 없다고 본다(『삼계일기』 1955.3.2.).

평상시의 일기에는 거의 나와 있지 않지만 삼계리에서 저자가 면직원이 아닌 마을 주민으로서 외가나 근처에 사는 매형 등 가까운 사람들의 아닌 집을 자유롭게 출입하는 데는 어려움이 있었던 것으로 짐작된다. 그 밖의 집에서 경주김씨가 아닌 타성인 저자에게 허용한 공간은 남성들의 공간인 사랑방 정도였던 것으로 보인다. 아래의 인용문은 저자가 삼계리에서 겪었던 배제의 경험을 적은 것으로, "대문을 잠거놓은" 사람들의 실제 의도와는 상관없이 20대의 저자가 이 마을에서 어떤 마음으로 살아가고 있었는지를 보여준다.

> 집에 와서 저녁을 먹은 後에 學眞이의 舍廊에 놀<러> 가서 보니 全部 內室에서 놀고 舍郞에를 나오지 않은다. 그래서 學顏 店房에 麻雀한 데 가서 놀다 와서 보니 그때에는 大門을 잠거놓고 舍郞房에서 男女 合唱이 떴드러지게 들여오고 있다. 나는 거기를 들어가지 못하고 되돌아서 스지 않으면 아니 될 身勢이고 말었다. 他鄕의 외로움이 一層 더 나의 마음을 괴롭힌다(『삼계일기』1955. 12. 28.).

3. 고향에 대한 복잡한 감정

> 벌서 큰집에 온 지가 3일째이다. 오늘은 별수 없이 집으로 돌아가야 하겠다. 몇 年 前에만 하여도 一年에 잘해야 正初에에 한 번 오와서 하루밤 程度 자면은 그 다음날 바로 집으로 가고 했는데 昨年부터는 어쩐지 故鄕이 그리워지고 故鄕에 있는 나의 一家親族이 그리워저서 한번 오면 다시 가기가 싫어지고 가면 다시 오고 싶으니 이 일을 어찌하면 좋을 겄이냐. 어렸을 때에는 無意識 中으로 자라왔었는데 차차 成長하여지매 故鄕 生覺만이 절로 난다. 勿論 故鄕이라고 해봤댔자 大小家는 東西南北으로 各己[其] 헤여저서 쓸쓸하기 끝이 없으

> 나 그래도 故鄕에 와서 但 一日이라도 살고싶으다. 他鄕이라고 해도 三溪里는 現在 나의 本 故鄕과 다름이 없으나 그래도 어딘지 모르게 쓸쓸한 바람이 불어오고 있다. 하루라도 速히 가고 싶겄만 나에게는 두 가지 條件이 容怒[恕]치를 않은다. 첫째 經濟的 問題요 둘째 나의 身上 問題이다. 언제나 이겄이 解決되여 가지고 나도 남과 같이 故鄕 땅에 가서 낮이면 괭이 들고 밭에 가서 일을 하고 밤이면 舍郞房에서 우슴 웃고 노는 날이 올 겄인가? 아- 가엾은 나의 身勢여. 웨 남과 같이 自由스럽고 活潑한 生活을 榮爲치 못하는고!! 마을을 떠나올 때 康周가 탑골 앞에까지 나와서 餞送을 하여 주웠다. 나는 조금 오다가 다시 뒤를 돌아다 보았드니 그도 나를 돌아보고 있다. 나는 쓸쓸히 홀로 걸어왔다(『삼계일기』 1955. 10. 25.).

위의 인용문은 1955년 중양절 다음 날 쓴 일기로, 고향으로서 저자가 신기리에 가지는 애착이 어렸을 때부터 있었던 것은 아니며 최근 일이 년 사이에 생겨났음을 밝히고 있다. 또한 기회만 된다면 신기리로 이주할 생각까지도 밝히고 있다. 실제로 저자는 1955년에 신기리에 논을 장만하였으며, 이후에도 여러 차례에 걸쳐 논과 밭을 구입하였다.

그러나 신기리에 대한 저자의 마음도 1956년 일기에서부터는 변하기 시작하여, 고향에 대한 그리움이 줄어들고 있다. 이와 같은 감정의 변화에 대해 저자는 큰집의 어려움과 집안 간의 불화를 그 이유로 적고 있다. 저자의 종형제인 큰집의 아들들은 광주, 전주, 대전, 서울 등지로 나가 살아 고향에 사촌들이 모일 구심점이 사라져갔으며, 여기에 큰집 내의 불화와 다른 일가와의 갈등까지 겹쳐 저자는 신기리에서 예전만큼 마음 편히 지내지 못하게 되었다.

도시로 이주한 사촌들의 상황은 앞으로 전개될 농촌의 모습을 예시豫示하고 있다고 해도 과언이 아니다. 1950년대 이미 농촌 사람들은 도시로 나가 살고 있었으며, 가까운 친지가 살고 있지 않은 고향 마을은 소속감이나 정서적인 만족감을 주는 장소에서 멀어지고 있었다. 공무로 전주로의 출장이 잦았던 이강운 자신도 일기에서 도시 생활에 대한 동경을 종종 표현하고 있으며, "인간다운 생활"을 하기 위해 도시인이 되는 것을 계획하기도 하였다(『삼계일기』 1956.5.6.). 자신의 일가가 모여 사는 고향에 정착하고 싶은 마음과 "인간다운 생활"을 할 수 있는 도시인이 되고 싶은 마음은 모순적이라 할 수 있으나, '전근대'와 '근대'라는 두 세계를 동시에 살아갔던 1950년대 농촌 사람들의 마음속에서 만들어지고 있었던 심성이었다고도 할 수 있을 것이다.

4. 타향이자 고향인 삼계리에서 살아가기

위에서 인용한 1955년 10월 5일 일기에서 저자는 삼계리는 타향이지만 현재의 자신에게 고향과 같은 곳이라고 쓰고 있다. 고향이라고 여기는 신기리에 대한 애착이 감소하는 가운데 1956년 하순부터 저자는 삼계국민학교 동창회 조직과 삼계리 청년회 구성, 삼계리 마을 농악 구비, 삼계리농업협동조합 조직 등 마을과 지역사회 활동에 활발하게 참여하는 모습을 보이고있다. 1956년 연말에 결성 논의가 시작된 삼계리 청년회는 1957년 1월 15일에 정우회丁友會*라는 이름으로 출범하였으

* 정우회라는 이름의 의미와 작명 과정은 일기에 기재되어 있지 않다. 이홍재 선생님의

며, 2월 2일(음력 1월 3일)에는 삼계국민학교에서 주민들을 상대로 연극을 개최하였다. 이즈음 삼계리 청년들은 마을 내 도박 근절에 앞장서기도 하였으며 농악 풍물을 장만하여 정월 보름 즈음에 일대에 뜰밟이 농악을 다녀서 자금을 모으기도 하였다. 저자는 이와 같은 활동을 주도하고 있다. 마을 청년회와 농악대 조직, 마을 청년들이 중심이 된 연극이나 노래대회 개최, 도박 근절 노력 등은 비단 삼계리뿐만 아니라 새롭게 세워진 대한민국 곳곳의 농촌에서 청년들이 전개해갔던 일종의 사회·문화 운동이었다. 이강운은 타향이라는 감정이 남아있는 곳이지만 자신이 자라고 살아가는 삼계리의 새로운 변화를 위해 마을 청년들과 함께 여러 가지 활동을 벌였으며, 이를 토대로 점차 지역의 유지로 성장해갔다.

말에 따르면, 정우회(丁友會)는 1957년의 간지인 정유년(丁酉年)의 '정(丁)' 자와 '友' 자를 합쳐서 지은 이름으로, 작명 과정에서 삼계리 마을의 어른을 찾아가 상의하였다고 한다.

| 참고문헌 |

안승택, 2019, 「근현대 향촌사회에서 상여를 메던 '아래것들'과 공동체의 '살갗': 경기남부의 사례」, 『한국문화인류학』 52-1. 53-97.

오창현, 2008, 「농지개혁과 마을 공동체의 변형: 경기 동남부의 두 지역을 중심으로」, 『비교문화연구』 14(2). 77-121.

1950년대 전북 농촌의 질병과 죽음의 심성
– 한 농촌면직원의 삼계일기를 중심으로

| 공은숙 |

1. 서론

삼계일기는 이강운옹이 면직원 생활을 막 시작한 1954-1957년에 작성한 일기이다. 농촌의 공무원으로서 1931년생이니 23살~26살의 신체적으로 아주 건강한 나이의 일기이다. 공무원으로서 생활을 주로 기록하고 있어 건강, 위생, 질병, 죽음에 대해 상세히 기록한 내용은 없다. 하지만 본인이 피곤하고 아팠던 경우도 있고, 아기가 여러 번 아파 이를 기록하였다. 또한, 몇몇 병원에 입원한 경우가 있어 이를 파악할 수 있다.

면 단위의 공무원으로서 이미 국가를 매개로 위생과 질병에 대한 하달도 내려오고 사회적으로도 훨씬 다양한 경험을, 예를 들어 약국이나 병원 등에 대한 방문이나 정보에 있어서, 하고 있기 때문에 1950년대 농촌에서 일반 농민들이 질병과 죽음에 대하여 가지고 있던 심성과 상당히 다른 모습을 보여주고 있다. 농민들 사이에는 질병에 대한 초자연적 세계관이 아직 널리 퍼져 있었고, 한방을 사용한 치료도 널리 행해지고 있었고, 무당이나 굿을 활용한 병의 치료도 이루어지고 있던 시절이다.

하지만 이강운옹의 삼계일기에는 질병에 대한 초자연적인 세계관이나 초자연적인 치료에 대한 언급이 전혀 나타나지 않고 있다. 무당이나 굿에 대한 언급도 전혀 없다. 보건위생 강의를 들었지만 어떠한 내용인지는 전혀 언급하고 있지 않다. 환경을 깨끗이 하고 깨끗한 물과 음식을 먹는 것으로도 건강을 지키고 영아의 사망을 줄이는데 기여하지만 이러한 위생에 대한 언급도 전혀 없다. 본인이 술을 매우 자주 마시지만 이를 질병과 관련하여 언급한 적은 없다.

삼계일기는 아팠다는 사실이나 약을 사는 과정이나 병원을 방문한 사실을 아주 단순하게 기록하는 데 그치고 있어, 삼계일기를 통해 질병과 관련된 세계관을 충분히 파악하기에는 어려움이 있다. 따라서 당대의 시대 상황과 연결된 다양한 자료를 참고하여서 일기에 단편적으로 기록되어 있는 내용을 바탕으로 이강운옹의 질병과 죽음과 관련된 세계관 그리고 정서를 해석해보고자 한다.

2. 1950년대 질병의 심성

1950년대 전라북도 농촌에서는 결핵, 기생충, 나병, 매독 등의 감염병이 많이 나타나고 있었고, 일부 농촌에서 아편이나 술 중독의 문제가 많았으며, 일상생활에서 출산과정에서의 산모나 아기의 사망이나 영유아의 발열과 관련된 사망이 자주 나타났었고, 여러 가지 알지 못한 병인으로 아프거나 사고 등이 많이 나타나고 있었다.

전통사회에서는 “혈연을 강조하고 대가족의 형태를 중시하는 근대사회에는 신생아의 출생률이 높고, 영유아의 사망률이 높으며, 산욕열에 의한 산모의 사망률도 높았다. 또 일반 사람들의 사망률도 높아서 인구의 증가가 완만하고 두드러지지 못하였고, 병은 주로 급성 감염성 질병들과 각기병·괴혈병·구루병 같은 영양결핍에 의한 질병과 선천성 질병 등이 문제가 되었다. 질병은 전생이나 이승에서 지은 죄에 대한 벌을 받는 것으로 해석하였으므로 병에 걸려서 아픈 것을 당연하게 받아들였고, 또 질병을 귀신에 의한 것으로 이해하여 일반 백성들은 감염성 질환이 퍼지는 지역으로부터 도망을 치거나 굿을 하였다. 전염병이 창궐하면 정부에서 제관을 뽑아 제사를 지냈고, 유교 위주의 사회에서 불교식 수륙제를 지내어 질병을 퇴치하고자 하였다."*

"1947년에는 보건후생부 산하에 방역연구소(1959년에 국립보건원)가 설립되었고, 1951년에는 최초의 의료관련 법인 「국민의료법」이 공포되었으며, 한의사가 제도화되었다. 1953년에는 대한결핵협회, 1956년에는 대한나협회가 설립되었다. 휴전 이후 정부는 보건소와 보건진료소를 설치하기 시작했고, 1956년에는 「보건소법」을 공포하며 비로소 질병예방과 보건향상을 위한 기초를 마련했다(보건복지부 2015: 2)." "당시 일반 국민들은 경제적 여유가 없어서 병원에 가기 매우 힘들었다. 골절이 되면 주로 접골원에 갔고, 아프면 약국이나 약방에 가서 약을 사먹는 것이 고작이었다. 상주하는 의사가 한명도 없는 지역도 많았다. 정부는 이에 대한 대책으로 한의사제도를 실시했[다](보건복지부 2015: 4)." 오수는 1957년에 이미 병원, 약국, 약방, 그리고 보건진료소가 있었다. 전국적으로 아직 병원도 없고 보건소가 설립되지 않은 군이 많아 아직 낙후된 상태를 극복하지 못한 시기였다. 1962년에 각 시군단

* http://encykorea.aks.ac.kr/Contents/Item/E0023070 [한국민족문화대백과사전의 病 항목]

위로 보건소를 설립하였고 1960년대 중반부터 영아사망률 감소가 뚜렷하게 나타났다(보건복지부 2015: 4).

1950년대 결핵이 전국적으로 퍼져 있었다. "1954년 서울시내 남녀 고등학생들을 검진한 결과 결핵 보균자는 6.63%나 되었다. 같은 해에 전국에서 결핵 중환자만 50만 명, 결핵으로 인한 사망자가 하루 평균 300명에 달하는 것으로 추산되었다. 1956년 고아원 200곳의 원아들에 대한 질병 조사 결과 결핵은 영양실조에 이어 2위를 차지하였다(김상태 2018: 132)." 일기에서는 결핵이나 전염병에 대한 이야기는 전혀 나오지 않고 예방접중에 대한 언급이 한번 나온다. 이미 1954년 〈전염병예방법〉을 시행하였고 임실에서도 아기들에게 천연두에 대한 예방접종을 하고 있었다. "집에 와서 보니 中食 때가 못 되여서 바로 面으로 나가서 面長을 보고 어린애의 種痘를 마치고 집으로 들어왔다(『삼계일기』 1954.11.12.)."

"1950~1970년대의 한국은 스스로 '기생충 왕국'이라 부를 정도로 국민 대다수가 기생충을 보유하고 있었다. 당시 신문 보도에 의하면, 1959년 전국 초·중·고교 학생 50만 명을 검사한 결과 회충이 있는 학생이 63%나 되었다(김상태 2018: 133)." 농촌에서는 그 상황이 더욱 심각하였다, "배추 등 채소밭에 주는 인분비료가 기생충 왕국의 번영을 견인하였다. 특히 맨발로 밭에 들어가 일하는 농부와 맨발로 밭둑에서 뛰어노는 아이들은 십이지장충의 표적이 되었다(김상태 2018: 134)."

1960년대까지 한국인에게 회충, 구충, 편충은 일상이며 보편적인 현상이었다. "해방 후 미군정에서 실시한 장내기생충 감염률 조사 결과는 회충 82.4%, 편충 81.1%, 구충 46.5%로 대부분의 인구가 최소 1종 이상의 기생충에 감염되어 있음을 보여준다"(Hunter et al 1949: 41, 정준호, 박영진, 김옥주 2016: 168에서 재인용). 한반도에서 과거부터 인분을 비료로 사용하여 재배한 곡물과 채소를 먹었기 때문에 조선시대에 왕까지 회충에 감염되었다. 이때는 회충을 人龍으로 인식했었고 배 속에 있는 회충을 당연한 것으로 생각하였다. 1950년대에도 분변을 일상적으로 비료로 사용하고 있어서 기생충 감염은 만연하였다. 기생충은 문제를 일으키는 경우가 드물고, 문제를 일으키더라도 기생충 때문인지 알 수 없어서, 기생충을 심각한 문제로 생각하지 않았다. 더구나 "사람들은 기생충을 해로운 것만으로 생각하지 않고 오히려 운수나 숙명론적, 신화적 입장에서 풀이하였으며, '그 사고방식이 20세기 중반까지지도 일반 대중 마음 바탕에서 떠나지 않았다.'(소진탁 1992: 45, 정준호, 박영진, 김옥주 2016: 169에서 재인용)." 그래서 회충은 사람이 생각하고 말하고 행동하게 하는 것이며 밥을 잘 먹게 하는 것이며, 회충이 없어지면 그 사람이 죽게 된다는 사고방식도 많이 퍼져 있었다(정준호, 박영진, 김옥주 2016: 175-176).

"1935년부터 군산 지역 농촌 보건 사업을 진행한 의사 이영춘은 결핵, 매독, 기생충을 3대 민족독民族毒으로 규정하고 퇴치에 앞장섰다(박윤재 2003: 10, 정준호, 박영진, 김옥주 2016: 176에서 재인용)." 기생충은 서양의학적으로는 없애야 하는 질병으로 간주되었지만 일반인에게 그러한 사고방식이 널리 퍼진 것은 1950년대이다. "1950년대를 지나며 한국전쟁의 경험과 위생 관념의 내재화, 약품의 발달 같은 경험을 통해 한국인들은 점차 회충과 수치심을 연결짓기 시작했다. 회충을 가지고 있지 않은 상태가 '정상'으로 규정되기 시작했기 때문이다(정준호, 박영진, 김옥주 2016: 169)." 이후 기생충을 개인위생을 잘못한 개인의 수치로 인식하게 하여 적극적으로 기생충을 구제할 수 있도록 하면서 1960

년대부터 전국적인 기생충 박멸 사업을 시행하며 식자재의 청결이 강조되고 구충제를 광범위하게 복용하게 되어 기생충의 감염률이 크게 떨어졌다. 그 결과, "광범위한 대중 동원과 홍보 활동은 사람들의 뇌리에 기생충에 대한 인식을 박멸의 대상으로 깊이 새겨놓았다(정준호, 박영진, 김옥주 2016: 169에서 재인용)."

1963년 10월 24일 전주 예수병원에서는 복통으로 내원한 9살 아동을 수술하였는데 회충 1,063마리, 4kg이 나왔고, 결국 아동은 사망했다. 이에 대해 쓴 1964년 2월 24일 『동아일보』 사설에 따르면 "예로부터 회충이 좀 있어야 어린애들이 밥을 잘 먹는다든가 또는 순하게 자란다는 말이 있거니와, 이 이상 무책임하고 무식한 말은 없을 것이며, 우리 문화의 후진성을 그대로 토로하는 부끄러운 표현이라 아니할 수 없다(정준호, 박영진, 김옥주 2016: 182에서 재인용)." "회충은 더 이상 체내의 필수적인 요소가 아니라 무고한 아동의 목숨을 앗아간 존재가 되었으며, 한국 사회의 후진성을 드러내는 요소였다(정준호, 박영진, 김옥주 2016: 182)." 이렇게 1950년대는 기생충에 대한 심성이 근본적으로 변하는 시기이다.

1950년대 전북 농촌에서는 아직 누군가가 아플 때 굿을 하는 경우가 많았다. 해당 집안에서 무당을 초청하고 제물을 마련하여 조상이나 세존이나 신을 불러 부정이나 액이나 악귀나 살煞을 제거하는 굿을 하는 경우가 있었다. 복숭아나무 가지로 환자를 때려서 악귀를 쫓아내기도 한다. 1950년대 아직 전라북도의 여러 농촌에 무당이 남아있었지만, 삼계일기에서는 무당이 한 번도 언급되지 않고 굿에 대한 언급도 전혀 없는 것으로 보아 무당이 마을에 없었던 것으로 보인다. 또한, 전통사회에서 내려오던 초자연적인 민간치료요법들도 많이 행해지고 있었는데 이에 대한 언급도 전혀 기록되어 있지 않다. 이강운 옹이 그러한 믿음을 가지고 있지 않았기 때문에 이에 관심을 가지지도 기록하지도 않은 것으로 보인다. 집에서 열을 내리거나 상처를 다룰 때 또는 미음을 주거나 영양보충을 할 때 또는 병을 나름대로 치료한다고 생각할 때, 어떠한 민간요법을 사용하는지는 일기에서 전혀 언급되고 있지 않아 알 수 없다.

해방 이후 1950년대까지 한국의 병원은 공립병원이 주도하고 있었고 1960년대에 이르러서야 개업의가 급증하기 시작하였다(신규화, 서홍관 2002). 일기를 작성한 지역인 임실군 오수지역에 작은 병원이 있었고 큰 병원을 가려면 전주나 남원의 공립병원에 가야 했다. 대부분 집에서 참고 견디었으며 그래도 참기 힘들면 약국에 갔고 너무 심할 때만 병원에 갔다. 이 당시 임실에서는 보건진료소가 있었고 소장이 전염병 등 위생강의를 하고 다녔다. "教養講義 하는 데를 들어가서 보았다. 任實 保健診療所長이 나와서 傳染病에 對하여 講義를 하고 있다(『삼계일기』 1957.06.24.)." 따라서 위생을 개선하는 방법이나 질병에 대한 당시의 생체의학적인 관점이 보건소를 매개로 확산되고 있었다.

3. 질병과 아픔의 심성

과로하게 되면 아프다. 아프면 밥맛이 없고 피곤하고 기운이 없어 쉬어야 한다. 기분도 나쁘다. 자는 것이 가장 잘 쉬는 것이다. "午後에 떠난 뒤에 나는 몸이 앞어서 꼼짝도 않고 누워 있었다. 메칠 간의 出張에 몸이 相當이 피勞하여 졌다. 밥맛마저 없어지고 기운이 탁 풀어진다(『삼계일기』 1954.11.12.).” 그러나 부득이하게 일 때문에 나가지 않을 수 없다. “어제 밤부터 몸이 異狀이 앞어서 아침 늦게까지 누었는데 禮植이가 다이제스트 冊 一卷을 가지와서 일어났다. 오늘의 出張 計劃이 없의면 出勤을 못하게 생겼는데 不得已 나갔다… 잠간 事務室에 가 앉었노라니가 몸이 앞어서 집에 와서 누은 겄이 그만 잠이 드러서… (『삼계일기』 1954.10.08.).” 아픈 데도 어쩔 수 없이 해야 하지만 정말 싫다. “宿直室에 가서 막- 잠이 든 찰라 깨워서 일어나 보니 任實會議에 參席해야 한다고 한다. 생각할수록 머리 골치가 앞으다. 그란해도 이제야 通知 받고 갈여면 좋을 리가 없는데 몸마저 便치 못한 데 정말 싫었다. 그래서 斷念할여고 했다가 그래도 別수 없이 支署에 가서 車를 기다렸다가 타고 獒樹까지 갔다(『삼계일기』 1956.09.11.).”

특히 아기가 아프니 더욱 걱정도 되고 불쾌하다. 아이들은 어른들보다 쉽게 죽을 수 있기 때문에 더 예민해진다. 영아사망률이 높던 시절이라 걱정도 심해지고 표현도 과격해진다. 대단히 불쾌하고, 짜증만 나고, 대단히 곤란하게 생각한다. “집에 와보니 어린애가 앞어서 大端히 不快하였다. 어른과 달러서 어린애가 몸이 편치 않으면 大端히 困難하다(『삼계일기』 1954.12.10.).” “집에 와서 보니 어린애는 如前히 앓고 있어 氣分이 좋지 않앴다. 집에 有故가 있으면 마음이 便치 않어 언제나 좋지 않은 氣分이다(『삼계일기』 1956.02.28.).” “벌서 相當한 時日을 두고 어린애가 앞어서… 아이가 너무나도 잔病치레를 하여서 몸이 너무나도 쇠약하여졌다. 그런 關係로 집에 들어오면 짜증만 난다(『삼계일기』 1955.11.13.).”

병원과 약방에 대한 신뢰가 높은 편이다. 병원에 가면 물론 걱정이 되기도 하지만 병인을 잘 찾아내서 나을 수 있다고 생각한다. “獒樹까지는 추럭으로 갔는데 바로 뻐쓰가 있어 올라가서 보니 新基里 이동 兄이 타고 있다. 用務를 물었드니 連宰가 앞어서 病院에 入院하러 간다고 한다. 가면은 勿論 쉽사리 治療될 줄 아나 걱정이 않이 되는 바 안이다(『삼계일기』 1955.04.25.).”

약방과 병원을 높이 평가하더라도 자주 가지는 않는다. 오수에는 개인병원이 있었고 약국이나 한약방이 있었다. 사람이 아프면 심하지 않으면 대부분의 경우 참고 견디거나 약을 사다가 먹는 정도였다. 그래서 바로 약방이나 병원을 찾는 것은 아니다. 경과를 보면서 심하다 싶으면 약방을 가고 정말 심하다 싶으면 그때서야 병원을 간다. 주로 가까운 오수의 약국이나 약방에 가지만 이곳에 가면 전문적인 진단과 치료는 이루어지지 못하고 ‘체증’과 같은 일반적인 병명으로 진단된다. “벌서 相當한 時日을 두고 어린애가 앞어서 오늘은 不得已 獒樹 趙藥房으로 가보라고 하여 어머님과 內子가 같이 갔다 늦게야 돌아왔다. 藥房에서 하는 말은 㨽[滯]증이라고 한다(『삼계일기』 1955.11.13.).”

참고 견디며 진행상황을 보다가 약방에 가는데 아픈 애를 8일간 두고 보다가 안 나으니 약을 사러 가기도 한다. “12日부터 어린애가 앞은 것을 그대로 두웠드니 안 나서서 藥 좀 살여고 獒樹를 나갔다(『삼계일기』 1955.04.20.).” “벌서 相當한 時日을 두고 어린애가 앞어서 오늘은 不得已 獒樹 趙藥房으로 가보라고 하여 어머님과 內子가 같이 갔다 늦게야 돌아왔다(『삼계일기』 1955.11.13.).” 12일이 지나서 가기도 한다. “지난 陰 10日부터 아프기 始作한 乳兒가 오늘날까지 繼續되여 獒樹로 藥을 지로 갔다(『삼계일기』 1956.03.04.).”

아주 심하게 아픈 경우에만 병원에 간다. 따라서 병원을 가는 경우가 아주 소수만 기록되어 있다. 오수에 병원이 있기는 하지만 작은 개인병원으로 보이고 언제 생겼는지는 일기로는 알 수가 없다. 이강운옹은 1955년 5월에야 난생 처음으로 병원을 가봤다. 친척을 데리고 아는 의사를 찾아간 것이다. 약방을 갈 때도 잘 아는 곳을 먼저 찾아간다. 당대에 친인척 관계가 모든 관계에서 가장 중요한 관계임을 보여준다. "午前에 出勤을 하려고 한즉 竹溪里에서 在修가 넘어왔다. 約 2週日間이나 앓으다는 말을 듯고 病院에를 한번 가보라고 하였드니 오늘 같이 病院에를 가자고 온 겄이다. 그래서 별수 없이 面에 가서 말하고 뻐-쓰로 나갔다. 南原의 警察病院으로 가기로 했다. 그래서 獒樹에서 相當히 기다렸다가 뻐-쓰로 南原까지 갔다. 警察病院에 가서 內科醫師를 찾었다. 內科 首醫가 梧枝里 金泰泳의 妹夫이여서 그 사람을 찾어가지고 이야기를 하였드니 진찰을 하여 준다. 그리고서 注射 한 대 놓고 2日分의 藥을 지여 준다. 病院에 들어가 보기는 처음이다(『삼계일기』 1955.05.23.)."

어쨌든 아이가 낫지 않으면 미안한 마음이 든다. 어떻게 낫게 해주고 싶은 마음을 가지고 있지만 그렇다고 하여 무당이 굿을 사용할 생각은 하지 않는다. 아이가 계속 아픈 상태를 보며 자신이 신경을 쓰지 못했다며 자책을 한다. "夕陽에 집에 들어와 보니 數日 前부터 알코 있든 어린애는 더욱 苦痛을 이기지 못하고 있는 꼴을 볼 적에 마음의 한 구석에서는 나의 罪가 컸음을 自認하며 어린아이에게 未安한 感이 든다(『삼계일기』 1956.01.25.)."

계속 아이가 아프니 힘이 빠진다. 마음이 쓰려 터벅터벅 힘들게 걷는다. "지난 陰 10日부터 아프기 始作한 乳兒가 오늘날까지 繼續되여 獒樹로 藥을 지로 갔다. 어제 光州 從兄任이 오셔서 酒場에를 다녀서 오늘 出發하신다고 하셔서 酒場에 가서 作別의 人事를 드리고 步行으로

契樹까지 갔다. 걸어가면서 한 거름 두 거름 내어 드디며 近日 中의 나의 周圍還境을 생각하면서 無表情한 나의 心情 말할 수 없이 쓰리였다. 鄭藥局에 가서 來訪의 趣旨를 말하고서 藥 二帖을 을 사 가지고 올 적에도 如前히 걸었다(『삼계일기』 1956.03.04.).” 다른 일들도 있지만 아이가 2-3월 계속 아픈 것이 커다란 영향을 미쳤다.

커다란 사고가 일어나면 긴급처치가 필요하기 때문에 병원으로 간다. 낫으로 발을 베는 일이 한번 생겼는데 바로 병원에 갔다. “저녁 판에 成文이가 돼지 풀을 베러 나가드니 約 二時間이 經過한 後에야 낫으로 발을 베여가지고 다른 아이가 업고 들어왔다. 卽時 病院에 가서 藥을 가지고 와서 보니 相當히 많이 베여젓는데 約 2, 3週日이나 걸리게 생겻다(『삼계일기』 1955.06.02.).” 또한 군입대자를 인솔하고 트럭에 싣고 가다고 3명이 떨어져 다쳐서 바로 병원에 가서 입원시켰다. “梧枝里 앞을 지나 거기에서 待機하고 있든 壯丁들을 싫고 出發하여 不過 300餘 米의 拒離에서 壯丁 三名이 車로부터 떨어지고 말엇다. 너무나도 뜻하지 않은 이 突發的인 事故에 나는 精神을 잃고 말엇다. 달여가서 보니 竹溪里 吳炳濬이가 第一 많이 다첫다. 간신히 車에 싫고 契樹까지 가서 病院에 入院시켜 治療를 마친 다음 나는 또 別 수없이 任實로 가 보았다(『삼계일기』 1956.12.23.).” 사람이 다치면 마음이 매우 불편하여 매일 문병을 가서 확인을 한다. 그리고 걱정을 한다. “어제는 確實히 日數가 좋지 않은 날이다. …契樹에서 下車해가지고 病院에 들여서 吳炳濬이에게 어제의 經過를 듯고 바로 들어왔다. 아직도 나의 마음이 가라않지를 않고 있다(『삼계일기』 1956.12.24.).” “나는 午後에 炳濬이 件으로 契樹를 나가 보았다. 病院에 가서 醫師에게 말을 하고 오늘 退院시켯다. 治療費를 내가 우선 負擔하고 退院은 시켰는데 앞으로 어덯게 될 겄인지 알 수 없다(『삼계일기』 1956.12.25.)."

자기가 인솔하다가 다친 사람도 병문안을 가지만, 아는 사람이나 친척들이 아픈 경우에도 병문안을 가야하는 의무가 있다. "敏植 氏가 出張 왔다 病이 나서 누었다기에 가서보니 얼골이 大端히 축젓다(『삼계일기』 1954.10.09.)." 문병을 가면 심신이 어느 정도인지를 살펴본다. 아래처럼 면장이 아파도 문병을 가서 왜 아픈지 얼마나 아픈지 생각해본다. 육체적으로나 정신적으로 과로하면 병이 난다. 정신적으로도 피곤하면 스트레스현상이 나타나 아프다고 생각한다. "마을에 나가기 前에 먼저 面長의 問病을 갔다. 지난 8日에 槃樹서 같이 들어온 後부터 只今까지 일어나지 못하고 알코만 있다. 事實이 病셀 만큼 되여 가지고 있다. 面長 當選 以後로 心算이 平할 날이 없었다. 副面長 件으로 數次 上郡하였으나 如意케 되지 못하고 이번에도 그 일로 갔다가 成功치도 못하고 돌아왔으니 마음이 편할 리가 없다(『삼계일기』 1956.04.14.)."

질병은 아니지만 육신이 아프다거나 골치가 아프다거나 생병신이 된다는 표현을 쓰고 있다. "時間이 늦일가 보아 바쁜 거름으로 걸었드니 발이 앞으다(『삼계일기』 1956.12.26.)." "나는 언제나 뻐-쓰만 타면 머리 골치가 앞어서 질색이다. 나려올 적에 뻐-쓰 안에서 앞으던 머리가 至[只]今도 핑하니 異狀하게 앞으다. 特히 오늘은 어제밤에 늦게 까지 놀다가 잣드니 더욱더 그러한 겄 같다(『삼계일기』 1956.01.14.)." "兵籍整理 關係로 兵事主務者會議가 있어 거기에 參席키 爲하여 早朝에 槃樹를 가는데 大端히 추웠다… 할 수 없이 11時 50分 뻐-쓰를 利用해서 가는데 車內는 人間生地獄이다. 超滿員이 되여서 自己의 肉體 이겄만 自己 마음대로 움직이지를 못한다. 萬若 그대로 百里만 간다면 生病身될 程度이였다(『삼계일기』 1956.01.09.)." 자신 마음대로 움직이지 못하고 사람사이에 끼어서 꼼짝 못하는 상황을 생지옥처럼 느낀다.

4. 죽음의 심성

죽음은 이 세상을 떠나 돌아올 수 없는 먼 나라로 가는 일이다. 그래서 다시 만날 수 없다. 다시 만날 수 없기 때문에 슬픈 일이다. 따라서 나이를 많이 먹고 충분히 살면 호상이지만, 호상이라도 죽은 것은 슬픈 일이다. "午前에는 炯基네 祖母의 出喪을 하느라고 상부가 나간다. 사람이란 一平生이 길다면 길고 잚다면 잘븐 時節인데 其 期間 內의 苦樂이란 말할 수 없이 많다. 맑고 개인 가을 하늘 아래 일생을 이저버리고 꽃으로서 장식한 화려한 상여로서 머나먼 나라로 가게 된다(『삼계일기』 1954.10.30.)." "와서 들으니가 平洞 老人이 別世하셨다고 한다. 高令[齡]한 老人이요 때도 좋은 때인지라 護[好]喪이라고 볼 수 있다. 人間으로서 언제나 한번은 定해 놓은 일이겠만 年令의 高下를 莫論하고 世上을 뜨게 될 적에는 누나 다 슲어한다(『삼계일기』 1956.03.04.)."

너무 일찍 죽으면 더욱 슬프고 불쌍하다. 아기가 죽은 상황은 너무 안타까워 아무 말도 못한다. "어제 밤에 不幸하게도 뒷집 이제 겨우 '돌' 지내간 甥姪兒가 不幸을 當하여 出勤 前에 거기를 좀 가서 보는데 나의 自身 눈물이 나와서 무어라 慰勞의 말을 하지 못하였다. 10餘日間을 病床에 누어 있다가 結局에 가서 이와 같은 일을 當하고 말었다. 나는 갔어야 아무 말도 못하고 나오고 말었다(『삼계일기』 1956.03.23.)." 1950년대 전북 농촌은 아직 집에서 아기를 출산하던 시절이고 위생과 의료시설의 발달이 미약하고 열악한 시기여서 영유아기 때 죽는 경우가 상당히 많았을 텐데 그에 대한 언급은 없었다. 결혼해서 아이를 낳았는데 아이가 어렸을 때 죽으면 안타까운 일이다. 30대 성인기에 죽으면 상당히 아프다가 죽는 경우가 많고 처자식을 남겨놓고 가야하기 때문에 더욱 고통스러운 일이다. 너무 비통하고 애석하다. "오늘은 後川 三區 金萬基가 故人이 되여 出喪하는 날이다. 그래서 職員들과 몇몇 里長들과 같이 阿山市場까지 가니 벌써 상여는 거기까지 왔다. 거리에서 喪主와 상여를 맛났다. 나는 나도 모르는 사이에 눈물이 나왔다. 방골양반이 땅을 치며 우시는데 눈물이 아니 나올 수 없었다. 葬地까지 같이 갔다. 埋葬이 끝난 後에 職員들과 같이 돌아왔다. 人生이 한 번 나서 한 번 죽은 것은 元亨利致[原形理致]이나 36歲를 一期로서 버린다는 것은 너무나도 애석하였다. 마음씨 좋고 人情 많은 分이였다. 그의 身病에 苦痛을 하드니 마침내는 最後의 決心을 하여 生死의 기로에서 入院하여 受[手]術을 하였든 것이 不幸이 이와 같은 現狀을 내고 말었다. 人生의 一生이 이와 같이도 험악하거늘 그 짤븐 기간을 왜 不平 없이 못살고서 苦痛스런 生活을 하는고. 이 세상을 사는 데는 오-직 慈善만이 좋을 것이다(『삼계일기』 1954.11.02.)." 인생이 험악하고, 죽으면 부질없는데 왜 불평을 그토록 하면서 사는지 모르겠다고 느끼면서 앞으로 좋은 일만 하고 살아야겠다고 성찰한다

하지만 망자의 자녀들이 너무 불쌍하다. 어린아이들이 어떻게 세상을 헤쳐나갈 것인지 생각만 해도 눈물이 난다. "三隱 一區 吳夢泳 氏가 요새에 喪妻를 當하였는데 그 아들이 葵樹中學校를 갔다 오는 길에 途中에서 울면서 오는데 내 마음도 가슴 쓰리며 눈물이 절노 나서 그대로 볼 수가 없었다. 그것을 보더라도 반다시 어린아이들은 어머니가 없으면 못살 것 같으고 어머니 없이 자라는 아이들이 限없이 불상하다(『삼

계일기』 1954.07.20.)."

장례식을 통해 사람들이 죽어가는 것을 보면 인생이 무엇인지 인간이 무엇인지를 고민하지 않을 수 없다. 내 삶을 생각해보지 않을 수 없다. 모든 것이 어려우니 힘들고 한심한 생각이 든다. 깊이 생각을 해보게 된다. "人生이 母體로부터 光明한 宇宙 人間世界에 태여났을 적에는 何人을 莫論하고 貧富貴賤의 差異가 없이 다- 같은 人間으로서 生命의 핏줄기를 받였으련만 一年 二年 자라나는 동안에 네 갈래의 길로 갈러저 富者가 있는가 하면 가난한 者가 있고 貴한 者가 있는가 하면 그 反面에는 人間으로부터 멸시 當한 천한 사람도 있게 된다. 이겄이 人間生活의 本能인 겄 같다. 하나님은 왜 '人間'을 나리실 적에 萬民이 다- 같이 平等하게 살 수 있도록 하지 않으셨든고? 우리 같은 천한 人間은 차라리 이 世上에 나오지를 않이 했드라면 오히려 幸福일 겄을!! 요새에 어린아이는 아퍼서 生死의 技[岐]路에 놓여 있고 어머님께서도 몸이 不便하시지 거기다 食糧이 떠러지고 나무도 없고 그런가 하면 經濟的인 面에 있어 困難과 打擊을 받고 있으니 이 못난 靑春의 애　음을 그 누구래서 알어주리요. 아- 寒心하도다(『삼계일기』 1956.03.05.)."

오늘 아프고 내일 죽을 수 있으니 인생이 허무하다. 아예 죽는 것이 나을지도 모르겠다는 생각도 한다. "저녁 판에 들을 바라보고 섰든 나는 가슴이 뭉클해짐을 느겼다. 무섰이냐? 아침에 消息은 들었지만 千萬 뜻박에도 判吉 氏가 世上을 떠났고 하였는데 夕陽 바로 出喪을 하고 있지 않은가? 어제밤에 無事하든 그이가 밤중에 病이 나서 오늘 벌써 땅속으로 드러가니 人生이 살어 있다느니보다 오히려 죽어있다는 겄이 나흐리라. 人生의 虛無함이 다시 한번 더 뼈저리게 느겨진다(『삼계일기』 1956.01.12.)."

허무할지라도 죽으면 뭐하겠는가? 그래도 사는 편이 죽는 것보다 낫다고 생각하게 된다. "午前 7時 頃 大韓뻐-쓰로 올라왔다. 獒樹에 오니 三溪面 排跡[球]選手團 一行이 오늘 任實에서 열인 競技大會에 參加 次 나와 있었다. 營團 앞에서 支署 金大均 巡警을 맛나서 놀다가 學顏이의 問病 次 病院으로 가서 學顏이를 차젔다. 三年 以上의 隊員生活에 이제야 銃 마즘 줄은 몰났다고 學顏이 失望의 말을 하였다. 그러나 不幸中 多幸이다. 그찜 되여서 生命만이라도 살았다는 겄이 多幸이다(『삼계일기』 1954.06.04.)."

죽으면 다시는 볼 수 없다. 마지막 가는 길이라도 찾아가봐야 한다. 그래서 일가친척이나 아는 사람의 장례식에는 반드시 참석하는 불문율이 있다. 참석하지 않으면 별로 가깝지 않았던 사람으로 간주된다. 그래서 많은 장례식에 참석을 하여, 마지막 배웅을 한다. 그게 사람으로써의 도리이다. 못 가보면 죄송하기 짝이 없는 일이다. "저녁에 正雲 氏가 맛나자 하기에 찾어서 맛났다. 이번 喪事에 내가 차자가야할 텐데 가보지도 못하고 對面을 할야리가 罪悚하기 짝이 없다(『삼계일기』 1954.09.22.)." 일일이 많은 상가를 다녀야 하기 때문에, 또한 상가에 가서 같이 놀면서 상가를 지켜줘야 하기 때문에 시간이 많이 걸린다. 비가 오나 눈이 오나 가야한다. 낮 시간이 안 되면 밤에라도 가야 한다. 그래서 단체로 가면 더 편하다. "그러고 난 後 磊川里 喪家에 問喪을 가기로 해서 面長과 主任 等 合해서 8名이나 갔엇다. 磊川은 特히 喪家가 많어서 相當히 時間이 오래 걸이였다. 먼저 炳奎 貞茂 永載 燦茂 星萬氏 家을 다니고 나니 夕陽이 되여 버렸다(『삼계일기』 19576.02.04)." "밤에 學眞이 집에 弔問을 가 보았다. 어제 낮에 自己 祖母喪을 當하였는데 낮에는 가서 볼 餘暇도 없고 해서 오늘 밤에 學仁이하고 같이 갔었다(『삼계일기』 1957.06.03.).”

5. 나가는 말

이강운옹의 삼계일기에서는 상세한 질병관을 찾기가 어렵다. 질병 내용은 간단하게 사실을 언급하여 기록한 정도여서 병의 원인에 대한 세계관이라든지 질병의 치유과정에 대한 복합적인 심리정서적 또는 문화적인 과정을 파악할 수 있는 내용이 미미하다. 그럼에도 불구하고 말하지 않는 부분이 이강운옹의 질병과 관련된 세계관이나 심성에 대한 많은 것을 알려준다.

질병과 관련하여 초자연적인 세계관이나 초자연적인 치료에 대한 언급이 전혀 없는 것은 전체적으로 이강운옹이 전통적인 초자연적인 질병관에서 벗어나 생체의학적 사고방식에 근접한 사고를 지니고 있는 것으로 해석할 수 있다. 1950년대 전북 농촌에도 초자연적인 질병관이 널리 나타나고 있었는데, 삼계일기에는 그러한 내용이 전혀 언급되고 있지 않다. 초자연적인 존재나 관계가 아니라, 어떠한 물질이나 세균 또는 정신적인 원인으로 신체에 문제가 생기기 때문에 약국이나 병원에서 약사나 의사가 전문적으로 원인을 찾아 약이나 치료책을 마련해준다고 믿고 있다고 볼 수 있다. 따라서 아프면 무당이나 굿이나 초자연적인 민간요법을 통한 치료는 시도하지 않았고, 바로 약국이나 병원을 찾는 모습을 보여주고 있다. 1950년대 한국농촌에서 아직도 질병의 원인을 초자연적인 것에서 찾고 무당이나 굿을 하는 경우가 흔히 있었다는 점을 고려하면 이강운옹은 일반적으로 농민들의 질병과 관련된 심성으로부터 상당히 벗어난 모습을 보여주고 있다. 따라서 이강운옹은 무당이나 굿과 연결된 전통사회의 질병관을 가지지 않았고, 현대적인 생체의학적 질병관을 가진 것으로 판단할 수 있다.

삼계일기에서 감염병을 직접 기록하거나 병의 원인을 추론하는 내용이 전혀 없어 병의 원인을 어떻게 봤는지도 제대로 파악하기는 어렵다. 그러나 아픈 것의 원인에 대해 현대적 심성을 가지고 있었다. 세균에 대한 기록은 전혀 없지만, 육체적으로 과로하거나 정신적인 스트레스를 받으면 아플 수 있다고 기록하고 있다. 쉬거나 그에 맞는 약을 처방받아 먹거나 병원에서 치료를 받는 것 등이 나타나고 있다. 병의 원인에 대해서도 약사나 의사들의 생체의학적 질병관을 따르는 것으로 볼 수 있다. 아기가 자주 아프기 때문에 짜증을 내고 한탄을 하고 있지만 계속 약국을 방문하여 처방을 받고 대처하고 있는 모습을 볼 수 있다.

죽음과 관련하여서는 나이를 충분히 먹고 편안하게 돌아가면 호상으로 생각하고 있었다. 호상이지만 죽으면 멀리 가는 것으로 생각하고 있었다. 멀리 가는 것이 무엇인지는 불명확하다. 저세상이나 극락이나 천국에 대한 언급은 전혀 하지 않았다. 땅에 묻힌다는 언급과 다시 볼 수 없다는 언급만 있어 죽으면 다시 만날 수 없어서 멀리 간다는 뜻으로 보인다. 죽으면 삶이 끝나고 다시 만날 수 없기 때문에 죽음은 슬픈 일이다. 하지만 영유아 때 죽으면 더욱 안타깝게 생각하였다. 어린 자녀들을 남겨두고 성인부모가 죽으면 정말 마음 아파하고 비통한 눈물을 흘렸다. 부모가 죽은 자녀를 보고는 한없이 불쌍하게 생각하였다. 죽은 사람을 보면 자신의 인생도 되돌아보게 된다. 오늘 아프고 내일 죽을 수 있다고 생각하며 인생이 참으로 허무한 것이라고도 느낀다. 자신의 신세를 되돌아보니 힘들고 살기가 어려워 스스로 한심한 인생이라는 생각을 하지만 그래도 사는 것이 죽는 것보다는 낫다는 생각을 한다. 순경이 공비의 총에 맞아 다쳤지만 그래도 죽지는 않아서 다행이라고 표현하고 있다.

장례식은 망자와 마지막 이별을 하는 순간이다. 죽은 사람과 마지막 이별을 하지 못하면 사람의 도리를 제대로 하지 못한다고 생각하였다. 따라서 일가친척이나 아는 사람의 장례식에는 반드시 참석한다. 참석하지 않으면 별 볼 일 없는 관계로 간주되므로 일가친척이나 지인들의 장례식이 자주 벌어지지만, 반드시 참석하는 편이다. 마지막 잘 아는 사림의 죽음을 배웅을 하지 못하면 인간적인 도리를 다하지 못한 것이라 생각하고 죄송하기 짝이 없는 일이라고 느낀다.

| 참고문헌 |

김상태. 2018. "1950~1970년대 한국의 國民病". 『대한공공의학회지』. 2: 131-138.

보건복지70년사 편찬위원회. 2015. 『의학사』. 보건복지부.

소진탁. 1984. "한국인의 인체기생충학의 역사적 고찰" 의학신보 편, 『한국의학100년사(상)』. 의학출판사. 452-454.

신규환·서홍관. 2002. "한국 근대 사립병원의 발전과정". 『의학사』. 11(1): 85-110.

신동원. 1997. 『한국근대보건의료사』. 한울아카데미.

정준호, 박영진, 김옥주. 2016. "1960년대 한국의 회충 감염의 사회사: 사람과 함께 하는 인룡에서 수치스러운 질병으로". 『의사학』. 25(2): 167-203.

Hunter, George III, Lawrence Ritchie, Ick Chang, William Rolph, Henry Manson Jr, and Jason Szewczak. 1949. "Parasitological Studies in the Far East VII. An Epidemiological Survey in Southern Korea,". *Journal of Parasitology*. 35. S6: 41.

자신을 깨워 사회관계자본 구축에 앞장서

| 이홍재 |

1. 개인 활동에 비친 사회관계자본

한마을에 살면서 개인들은 서로 믿고, 도움을 주고받으며, 안심·안전·안락한 삶을 누리고 싶어 한다. 세대가 바뀌고, 새 가치관이 주류를 이루고, 신기술이 삶을 편하게 해주면 서로 돕고 믿는 생각들도 바뀐다. 삶의 겉넓이는 더 풍성해지겠지만, 이런 생각들은 마음 안자락에서 오히려 더 줄어들 수도 있다. 다양하고 급속히 발달하는 우리 사회를 떠받치던 이런 '맑고 밝은 심성'들이 요즘 흐트러지지 않았나 하는 안타까움이 크다.

시간과 공간을 넘어서 우리네 생활에 매우 중요해서 '자본'이라고 이름 붙여 사회관계자본social capital 또는 사회적 자본을 이야기한다. 사회관계자본은 원래 위험을 피하려는 개인 네트워크에서 시작되었다. 그러나 점차 개인차원을 넘어 사회적인 정책이나 지역문화 전략과제로 다루게 되었다(이홍재 2013). 그런 점에서 "지역사회의 내부적이고 문화적인 결속성, 사람들 간의 상호작용을 좌우하는 규범 및 가치 그리고 사람들이 따르는 제도들"에 주목해야 한다고 세계은행이 밝힌 바 있다(World bank 2000).

그러나 이런 것들은 개인의 가치관이나 태도가 먼저 결정되고, 이를 실천하려는 사회활동을 지속적으로 펼칠 때 성과를 담보할 수 있다.

또 이를 확산하기 위하여 스스로는 학습을, 다른 이들에게는 교육을 지속해야 할 수 있을 것이다. 이런 점에서 "인간의 정신조율을 거쳐야 발생되며, 매우 세심한 배려와 기다림이 필요하다"는 개인적인 가치관을 출발점으로 삼아서 개인의 생각, 활동, 사회관계자본 기여에 집중해서 살펴보려고 한다(稲葉陽二 2012: 1-2).

1950년대의 소박한 일기가 사회관계자본을 의식한 기록은 물론 아니었다. 그런데 당시 한 젊은이의 이 생각들이 인생항로를 비추는 등대가 되었을 것으로 짐작된다. 개인행태에 바탕을 두므로 사회관계자본을 개인차원의 활동을 대상으로 연구하여 그 원인과 결과를 분석한다(Brehm, John & Rahn,Wendy 1997: 999-1023).

이 글의 목적은 사회관계자본을 중요하게 여기는 한 개인의 가치관이나 철학이 어떤 내용으로 구성되고, 일생을 살아가면서 사회적 실천으로 이어졌는가를 살펴보는 데 있다. 이 같은 '심성과 행태분석'에 활용하는 자료는 일기, 편지, 사회활동 기록, 증언 들이다.

산업화와 정보화시대를 숨 가쁘게 지나며 자본과 안락에 취하다보니, '소용돌이 세상'에서 오히려 더 중요한 사회관계자본을 잠시 잊고 지냈다. 첨단기술이 안겨준 편리 때문에 사회관계자본은 거추장스럽게까지 느껴진다. 지금 이 자본 결핍이 사회를 긴장시키고 있다. 70년 전 농촌에서 살던 한 젊은이는 이에 대하여 어떻게 생각했고, 그 뒤 삶에서 어떻게 실천했는지 살펴보겠다.

2. 나를 닦아 우리를 빛내

사회관계자본의 출발은 개인이다. 이를 확산하기 위해서는 자기관리, 인격수련, 교양교육 등이 도움이 된다. 일기에는 '내면화된 자기관리'를 중요하게 생각하고, 부족한 점을 반성하는 글이 있다. 더불어 사회관계자본으로 해석될 만한 생각들을 가치관으로 품고 있었다.

> 사람이란 道를 닦고 修養을 거듭하는 데서 進步性이 있는 것이어늘 나 같은 人間은 그것을 빤이 알면서도 조금도 履行을 못하고 있으니 이대로 간다 면은 永永 人間 波鐵이 되고 말 것이 아닌가?(『삼계일기』 1956. 2. 2.)

> 人生이 生活을 營爲하는데 第一 重要한 것이 그의 人格일 겄이다.(『삼계일기』 1957. 4. 20.)

> 月曜敎養講座를 ~~누구보다도 希望한다(『삼계일기』 1956. 3. 12.).

> 修養을 하여 人生으로서 밟어나가야 할 道理는 직혀야 할 겄이어늘 나는 그겄마저 履行할 줄 모르는 人生이 되고 말었다. 興분될 때가 있으면 그겄을 참을 줄 알어야 하는데 그 舜間을 참지 못하고 他人으로부터 좋지 못한 人相을 받으며 不快感을 갖게 한다. ~~오늘도 ~~里長會議가 있어 ~~ 過度한 言辭를 한 일이 있다. 그러치 않으려고 無限히 努力은 하나 不知中 他人에게 不快感을 주고 만다. 이겄이 즉 나의 人間修養이 不足한 겄이 않이고 그 무엇이랴? 다시 한 번

나의 今日之事를 悔改한다(『삼계일기』 1956.3.14.).

收納 成績은 以外에도 不良하였다. 數日間을 集中督勵한 보람이 없어지고 만다. 몇日 만에 歸廳을 하고 보니 未決된 案件이 있어 氣分이 不快한 關係로 몇 里長에게 不快한 言辭를 쓴 것이 이제 後悔된다. 언제나 忍耐를 잊어서는 않이 된다(『삼계일기』 1957.8.3.).

이러한 마음자리는 삶의 지표가 되었을까? 증인들의 기록에 따르면 이 같은 생각들이 살아가면서 행동으로 나타나 보였던 것으로 생각된다.

설자리 앉을 자리 옳고 그름을 가리어 분수지키며 살아 온~(한대석 『좁은 터를 다듬어서』, 8)

나 한 사람을 위해서가 아니라 뭇사람을 사랑하며 살았다(허세욱 『좁은 터를 다듬어서』, 6).

첫째, 일기에는 여러 군데서 '조심성'을 많이 언급하고 있다. 조심성은 공직자의 숙명적인 마음자리이다. 정약용은 『흠흠신서』의 서문에서 '흠흠欽欽'은 "조심하고 조심함은 형벌을 다스리는 기본이다"라고 해설한다. 이는 하늘이 해야 할 일을 목민관이 중간에 나서서 "선량한 사람을 편안히 살게 해주고, 죄지은 사람을 벌하는" 것이기 때문이다. 그러니 공직자의 '조심, 근심, 미안함'은 법리적 적용 이전에 몸과 마음에 배어 마음 자락에 깔렸어야 하는 것이다. 이는 타고난 심성이었을 수도 있고, 목민관으로서의 직업의식일 수도 있다.

> 壯行會 關係를 打合하고 있는데 ~~ 令狀下令 後부터 日氣가 不順하여 大端 念慮하였드니 ~~ 비가 나의 마음을 조리게 한다(『삼계일기』 1954.7.25.).

> 行政方式이 이러한데 그릇된 点이 있다는 것이다. 이러한 會費도 ~~ 2, 3個月 前에 計劃을 세워서 할 일이지 이 春窮期에 絶糧 農家가 續出하고 있는 이때에 ~~ 期限內 完納치 않는다고 이 야단을 치고 있으니 ~~(『삼계일기』 1956.4.16.).

둘째, '공공마인드'에 대한 의식이 뚜렷하게 형성되어 있었다고 생각할 정도로 많은 곳에서 언급하고 있다. 공공성은 지배 관점에서는 천하대의를 실현하려는 의지를 뜻하지만, 복종 관점에서는 공적인 자산으로서의 저항력에 가깝게 쓰인다. 그러나 개인차원에서 보면, 공공성이란 많은 사람들이 공유하고 있는 착한 본성을 지키려는 의지로 파악하고 싶다. 그래서 지역사회 구성원으로서의 개인은 인간관계에서 대립을 줄이고 쌍방의 입장을 조정하여 공공성에 접근한다. 이런 맥락에서 보면 공공의 '의義'는 개인의 원만한 삶은 물론 우리 사회의 맥락을 유지하는 기준이 된다(정순우, 2016, 70, 109-111). 무엇보다도 물 농사를 지으며 삶을 영위하는 농경정착민들의 역사에서는 사영역과 공영역의 중간을 함께 공유하는 것이 공공성 의식이다. 그 어느 것보다 소중하게 여기고 전승돼 오며 사회질서를 유지시켜주는 소중한 생활가치인 것이다. 일기에는 공공의 역할, 행정의 형식성에 대하여 고심한 기록들이 보인다.

人間이 社會의 構成分子로서의 資格을 가지고 生活을 營爲하면서 第一 크게 願하고 있는 것이 自由權이다. 이 自由權을 제대로 享有할야매 남의 奴예가 되지 말어야 한다. 國家 亦是 그러하다. 獨立國家가 않이고 남의 나라의 屬國이 되면 ~~ (국민들은) 自由가 없는 노예가 되고 만다(『삼계일기』 1956.8.30.).

全 國民의 總意에 맞는 行政이란 할 수 없는 일이다. 政府의 하는 行動을 比判監視하는 것이 野黨이며, 健全한 野黨이 있으므로서 많이 올바른 民意에 依한 行政을 할 수 있을 겼이다. ~~ 野黨인 民主黨은 國民의 大多數의 支持를 받어 5.15나 8.13에 勝利를 하였건만 不過 얼마 되지 않은 只今에 와서 新旧派의 對立만 하고 말었다(『삼계일기』 1956.9.26.).

農業行政이 ~~ 實質的인 일을 하는 겼이 좋을 겼 같은데 外形的으로만 일을 하니 內實이 어　게 될 겼인가. 이와 같은 일을 좀 말었으면 좋을 겼 같은데(『삼계일기』 1954.10.7.). / 至今 農民의 心理狀態가 政府에서 시키는 일이라면 無條件 反對하는 터이라 이것이 제대로 옮겨질 여면 많은 努力이 必要할 것이다(『삼계일기』 1957.4.26.).

支署에서 나온 사람이 旅費를 달라고 하여 面長, 副面長이 承諾한 것을 나 혼자 反對하였드니 나중에 副面長이 별수 없이 주어야 한다기에 槼樹까지 나가서 次席에게 주고 왔다. ~~ 面民들에게 한 푼 두 푼 모은 ~~ 피맺힌 돈인데 달라는 사람은 이것을 普通之事로 하느니 ~~ 오늘 하루의 氣分은 大端히 좋지 않았다(『삼계일기』 1954.10.10.).

셋째, 법·덕·예를 존중하려 애쓰던 마음을 볼 수 있다. 좁은 지역사회에서 삶을 온전히 유지하려면 특히 이점을 지키려 애쓰게 된다.

> 國民으로서 權利와 義務를 享有하게 된 것도 이 憲法을 基礎로 해서 우러나온 것이다. 그러나 오늘 날 이 憲法의 좋은 明文이 제대로 運用되고 있는지? 제대로 國民의 自由權이 保障되어 있는지? 오늘의 意義는 깊겠마는 惠澤을 받은 國民은 別로 적다고 않이볼 수 없다. 오늘의 意義를 깊게 간직하여 올바른 民主行政의 具現에 努力하여야 할 것이다(『삼계일기』 1956. 7. 17.).

> 하루 速히 收得稅法이 廢止되지 않는 限 公務員은 懲役가기 좋을만하고 對象者는 妙案을 써서 脫稅하기 좋게만 되어 있다(『삼계일기』 1956. 6. 28.).

> 나는 ~~ 實務講義보다는 法學講義를 希望하고 있다. 즉 憲法이나 行政法 등 ~~ 知識을 좀 더 培養할 수 있는 敎養을 바라고 있다(『삼계일기』 1957. 2. 18.).

> 兵役行政을 擔當해온 지가 於焉間 4年 以上이 되었으나 ~~平素에 깊은 硏究와 많은 關心을 갖이고 努力해야 할 일인데 이것을 그대로 하지 못하고 있다(『삼계일기』 1957. 2. 25.).

전래의 유학정신이 올곧게 남아 삶의 지침이 되는 농촌지역에서 공직자의 몸높이도 자연히 여기에 맞춰야 했을 것이다. 사사롭지 않고,

편파적이지 않으며, 올바르게 행동해야 한다는 다짐을 일기에서 자주 볼 수 있다. 허위 배제, 책임완수, 주민에 대한 평등대우, 공징한 절차 등에 대한 생각을 기록했었다.

> 人間이란 良心의 可責을 받지 않고 사러야만 올바른 生活을 할 수 있으며 一身上 安堵感을 가질 수 있는 겄이다. 人間生活의 眞実한 過程을 밟을라매 虛僞가 없어야만 諸般에 有利하다. ~~ 過然 이것이 実踐에 옮겨지고 있느냐 하면, 그것이 않이여든 이것을 造作하는 者가 過然 그 누구냐?(『삼계일기』 1956. 2. 25.)

> 一週日에 한 번식 돌아오는 日曜日 마저 꼬박꼬박 出勤하여 모든 殘務를 處理해야 만 하니 이래도 누구하나 알어 준 사람은 없다(『삼계일기』 1954. 10. 24.).

> 教養講座를 憲法解義 册에 依해서 약 1時間 20分 程度하였다. 職員 自身들이 바래고 있지 않은 것이라 空念佛에 지나지 안은다. 그러나 나는 一端 責任이 있는 以上에 나의 誠意것 하였다(『삼계일기』 1954. 7. 5.).

> 本面에 7,500名의 道民證 發給 對象者가 있는데 ~~ 經濟難에 허덕이는 사람들한테 道民證을 준대 해놓고 寫眞代, 用紙代 手數料를 合해서 勿餘 70余圓 式이나 經費가 드니 ~~ 人間的으로 差別을 해서 어떤 사람은 道民證을 가져야 하고 어떤 사람은 않가저도 하니 여기서부터 異狀하다(『삼계일기』 1955. 1. 2.).

責任이란 무서운 겄이다. 特히 公務員된 身分으로서는 더욱 더 무서운 겄이다. 나는 나의 熱意와 誠意를 다하려고 無限이 努力은 하고 있다. 個個人이 다- 각기 自己의 責任을 迴避하면은 그 社會는 무너질 겄이며 各者가 맡은 바 責任을 完遂한다면 그 社會(는) 어느 社會보다 앞쓸 겄이며 ~~ 나는 그 責任 多少나마 履行하겠다고 바로 山水里로 行하였다. 보람있어 오늘 ~~ 山水里는 年賦償還量을 除外하고는 끝마쳤다(『삼계일기』 1955. 12.12.).

減員問題로 因하여 職員試驗을 보았다. ~~ 이 試驗이 昇進試驗이라면 그도 또한 氣分좋게 勇氣도 났을 겄이지만 그 것이 않이고 職員中에서 一名을 減員하는데 누가 나가야 하느냐 하는 問題이고 보니 興味가 날 택이 없다(『삼계일기』 1956.10.29.).

뒷날 이에 대해서 지인들의 남아있는 평가기록을 보면 청년기의 마음이 평생 실천으로 이어진 것으로 볼 수 있다.

삶과 사람이 한 고을의 믿음과 칭송을 받았다면 참으로 영광스럽다. ~~ 향당의 믿음과 칭송을 한 몸에 받았으니(허세욱 6)

바른 말 옳은 행실로 ~ (한대석 8)

삼계면 내외의 크고 작은 일에 공정무사하고 지혜롭게 처리하던 능력 ~~ (곽병술 9)

3. 네트워크 활동

사회관계를 활발히 이어가기 위해서는 전략적 조직을 구축하고, 서로 맞춰가며 상호 채택성을 높이고, 지속하면서 공진화에 이르도록 변화시켜야 한다. 시대변화를 이끌어 갈 지역주민참가 협력체계 구축(北海道公共政策大學院, 2006, 67), 문제공유와 해결을 위한 공감의식 개혁과 소통이 중요하다. 또한 조직책임자가 리더십을 가지고 협력관계를 이끌어 가며 인재육성 커리큐럼과 시스템 개혁을 추진해야 한다. 지속적으로 이어가는데 필요한 재정마련, 비용대책을 마련하는 것도 중요하다(西出優子, 2005, 33-40). 이때 공공기관이 활성자 역할facilitator role로 힘을 보태면 더 효율적 성과를 거둘 수 있다(Montgomery 2001: 229-231).

1950년대 농촌 지역사회는 암울했다. 사회 밑바닥에서는 변화를 기대하는 용암이 끓고 있었지만, 선뜻 이끌어 갈 지도그룹이 마땅치 않았다. 자연히 상록수 주인공같은 젊은이들이 나섰다. 젊은 혈기를 바쳐 스스로 네트워크를 만들어 운영하면서 그 서막을 열어갔던 것이다.

이런 지역사회심리에 부응하는 심기는 일기에도 나타나 있는데, 주요 내용은 마을 단위 네트워크를 직접 만들고 운영하면서 느끼는 애로사항들이었다. 맑고 밝은 지역사회를 만들기 위한 협력행동으로, 초등학교동창회, 삼계리정우회, 농업협동조합 등을 구성하는 데 깊이 관여하여 일한 것이다.

삼계초등학교 일과 동창회 설립에 관해서는 여러 가지로 기록한 것을 보면, 애정을 갖고 참여한 것 같다. 삼계초등학교 동창회를 조직할 때 총무를 맡았고, 노년기에 총동창회장(1993, 63세)을 맡으며 동창회 기금(1천만 원) 마련에 애썼다. 인력양성과 학교교육을 위한 지원에 뜻을 가지고 행동한 것이었다.

학교 교실 3개 증축 회의에 참여(『삼계일기』 1955.12.1.-1955.12.4.)

全期同窓會를 오늘 結成 ~~ 前無後無할 歷史的인 擧事~~ 傳統的인 자랑거리가 될 것이다. 첫 會合~~ 약 70餘 名밖에 모이지 않았다. 오늘의 會議에 司會를 不肖 내가 맡었다. ~~ 會長에 金殷植 副會長에 盧源龍, 許世旭이 當選되었으며 나는 經理關係 一切를 責任해야 할 書記의 職을 責任했다(『삼계일기』 1956.8.22.).

始作할 적에는 모-두 協力을 하고 있드니 요새에는 協力하는 기색도 보이지 않고 나 혼자 만이 무슨 수가 있다고 애를 쓰고 있다(『삼계일기』 1956.8.31.).

한 번 始作해 놓은 일을 그대로 中斷하자니 크나 큰 수치요 그러타고 쉽사리 되지도 않으니 進退兩難이다.~~이러한 것이 後日에 成功하면 지금의 功勞를 讚揚치 않으나 失敗하면 役員들만 잘못했다고 할 것이다(『삼계일기』 1956.9.4.).

어느 組織을 勿論하고 그 始發初에는 ~~ 苦痛과 難關이 있다 ~~經濟的인 調達이 없이 發展하기란 여간 힘든 게 않이다. ~~ 最大 目的인 것이 6.25動亂 中 消失된 學籍簿 復旧와 母校의 獎學生 制度 實施인 것이다(『삼계일기』 1956.9.27.).

同窓會 第二次 定期總會를 열게 되었다. ~~ 30余명의 會員밖에 參席치 않었다.~~ 나는 同窓會 役員으로부터 辭退하겠다고 하니 左右에서 当分間 더 繼續할 것을 要求하고 있다(『삼계일기』 1957.1.27.).

우리는 언제나 앞길을 보고 나아가야만 한다. (학교가) 앞으로 自己의 子弟들의 배움터라는 것을 다시 한 번 생각할 必要가 있다. 至今 現在를 보더라도 유리가 없고 册床이 없어서 어린아이들의 授業에 困難이 英 甚하다(『삼계일기』 1955.1.6.).

오락이나 여가활동이 마땅치 않던 시절, 학교 운동회는 학생들뿐만 아니라 주민들의 잔치였다. 행정당국의 입장에서는 주민통합과 협력 분위기 조성에 적절한 네트워크 활동이었다. 초등학교운동회를 후원하는 일에 참여한 기록이 있다.

今年도 學校運動會 關係를 우리 同窓會에서 後援하게 되어 ~~무려 5万餘圓이란 돈이 必要하게 된다. 이것이 計劃대로 될 것인지 자못 疑心스럽다. 공연히 일을 좋아한 탓으로 남의 일까지 맡어서 쓸데없는 애를 타고 다니게 된다(『삼계일기』 1956.10.8.).

오늘의 運動會~~ 後援을 同窓會에서 ~~喜捨申込이라든가 來賓接待 等 여러 가지로 바뻤다.~~ 熱과 誠을 다해서 努力했다. ~~ 同窓會에서 奬學金 傳達式까지 하면(서) 더욱 異彩로웠다(『삼계일기』 1956.10.13.).

運動會가 끝나고 ~~ 收支決算을 쳐보니 520圓이 赤字이다.~~ 校長을 찾어갔다. ~~ 學校에서 내여 놓을 줄 알엇드니 豫算이 없다는 것으로 떨어버리고 만다(『삼계일기』 1956.10.14.).

학교운동회 뿐만 아니라 별도로 주민체육대회에 관심을 가지고 초창기부터 참여했고 나중에 중단된 것을 재가동하여 체육회 회장을 맡았다(1982, 53세). 기부금을 받아 운영자금(8천만 원)을 확보하여 지금까지 주민잔치 겸 홈커밍데이로 잘 운영되고 있도록 기반을 닦았다.

運動會란 全 面民의 休日이라고 볼 수 있다. 午前 일직부터 울긋불긋하게 옷들을 입고 ~ 모여 들었다. 午前보다는 午後의 푸로가 더욱 滋味있었다. 上級 學年의 女學生으로서 組織한 農樂은 오늘의 運動會의 대 자랑꺼리였다. 氣分이 좋은 三溪 靑年들은 應援歌를 高唱하며 뛰놀았다(『삼계일기』 1955.10.11.).

오늘은 三溪面에 例에 없는 各機關親睦體育大會를 開催한 날이다.~ 如何間 一次 組織된 겄이 앞으로 씩씩하게 잘 運營되기를 기다린다(『삼계일기』 1955.12.12.).

사회관계자본 구축을 위한 연대적 결사체로서 뜻있는 마을청년들 모임인 '정우회'를 조직하여 회장을 맡은 것이 일기나 친구들의 편지에서 많이 언급된다. 도박판 찾아가 훼방놓기, 산림훼손 방지, 야학운영, 마을연극공연 등을 주로 했다. 당시 함께 활동했던 한 후배는 정우회 활동 경험이 자신의 삶에서도 바탕이 되어, 공공우선의 정신을 갖게 되었고, 산림가꾸기를 실천했다고 말한다(김학도 2020.6.13.). 뒷날 삼계 면번영회장을 맡아(1996, 67세-1997) 봉사하기도 했다.

> 三溪리 部落內 靑年~~ 團體를 하나 構成하자고 해서 豫備會議를 열었다(『삼계일기』 1956.12.31.).

> 賭博을 하는 사람(들)이 있다고 해서 어제밤에 組織했든 靑年들을 動員해 가지고 三溪二區까지 가서 보았으나 發見치 못하고 허탕만 치고 말었다(『삼계일기』 1957.1.2.).

> 靑年會 關係 規約을 大略 整理해 가지고 支署에를 가서 보니 亦是 主任이 바뻐서 後日로 미루고 말었다. 오늘 밤에도 賭博을 團束키 爲하여 非常하게 活動해 보았으나 오늘 밤만은 그 사람들도 中止하엿는 모양이다(『삼계일기』 1957.1.3.).

> 會員 數名이 모여서 여러 가지 일에 對해서 打合하였다. ~~ 靑年들의 士氣가 아직도 團合되지 못하고 있다(『삼계일기』 1957.1.5.).

> 저녁에는 나리는 부슬비를 맞어가며 柳村에서 賭博을 한다고 해서 거기까지 가 보았다. 過然 하고 있어서 좋은 말로 制止시켰드니 그 때에는 中斷되엿으나 亦是 繼續을 해서 主任과 姜巡警이 가서 全員 劍車해 가지고 왔다(『삼계일기』 1957.1.9.).

> 9일 밤에 賭博 취체事件에 對해서 여러 가지 말이 많이 나오고 있

다. 그래서 내가 가서 前後事를 말하고 그들의 覺성을 促구시켰다(『삼계일기』 1957.1.11.).

丁友會 總會를 開催하였다. 參席人員이 20名 밖에 되지 않어 一片 섭섭한 感 이 있었으나~(『삼계일기』 1957.1.15.).

사회관계자본은 문화자본의 발전 · 축적 · 계승에 기초해서 주요한 역할을 이어간다(Kemp 2010: 326). 사회관계자본을 구축하는 데 도움을 주는 관련 문화 활동은 스포츠 활동이 가장 효율적이고, 문화예술 활동이 그 뒤를 이어간다. 생활 속 문화 활동과 공동체를 기반으로 한 '모두의 문화정책'으로 사회관계자본을 증진시키는 전략인 것이다(이홍재 2012: 205-263). 일기에서는 체육대회, 농악놀이, 연극 공연, 교양교육을 기반으로 활동한 내용이 기록되어 있다. 앞에서 인용한 西出優子의 논지에 나타나듯이 활동 자금으로 경비를 확보하고 지속성장 기반을 만들어 넘겨주었다.

내 個人의 일도 제대로 못하면서도 公衆의 일이라면 발벗고 나서니 내가 生覺해도 우스울 일이다. 저녁에는 農樂準備關係로~~打合을 하였다. 거의 다 贊成한다. 내일 밤 部落 總會에서 決定하기로 하였다(『삼계일기』 1957.1. 6.).

오늘 밤에 會議를 開催하게 된 案件은 主로 農樂制作 關係였다. 그래서 青年會 組織에 對해서 說明하여 주고 農樂은 製作키로 하였다(『삼계일기』 1957.1.7.).

오늘 部落의 農樂을 南原市場에 가서 사 왔다(1957.1.14.). 요새에 成人敎育 關係 等 으로 해서 저녁이면 늦게까지 자지를 못함으로 ~~(『삼계일기』 1957.9.9.).

연극을 꾸며 주민위안잔치로 공연하는 과정도 재미있게 기록되어 있다.

밤에는 몇몇 會員과 같이 演劇의 脚本을 修正하고~~(『삼계일기』 1957.1.13.).

演劇은 來日 밤부터 本格的으로 着手키로 하였다(『삼계일기』 1957.1.15.).

演劇演習을 始作했다(『삼계일기』 1957.1.16.).

演劇을 오늘 밤부터는 行動으로 들었다(『삼계일기』 1957.1.21.).

演劇 演習을 하는데 모든 일이 마음과 같이 되지 않는다. 말을 잘 듯지 않고 期日은 닥아오고 애가 타서 죽겠다(『삼계일기』 1957.1.24.).

演劇하는데 準備物을 사느라고 初場부터 바뻤다. 今般에 돼지 판 돈으로 오늘 일을 보았다(『삼계일기』 1957.1.25.).

演劇의 總演習을 하였다. 그다지 좋은 成績은 내지 못했으나 그래도 어느 程度 할 겄 같다(『삼계일기』 1957.2.1.).

演劇準備關係로 終日 消日했다(『삼계일기』 1957.1.30.).

演劇의 總演習을 하였다. 그다지 좋은 成績은 내지 못했으나 그래도 어느 程度 할 겄 같다(『삼계일기』 1957.2.1.).

午後에는 一切의 準備와 演習의 不足된 점을 是正하였다. 우리 三溪靑年들이 數年間을 두고 마음 먹어왔든 演劇이 오늘 밤에 비로소 이루어지고 말었다. 不幸이도 日氣가 좋지 못하여 有感스러운 일이였으나 約 7百 餘命으로 推算되는 人員이 參席하였으며 秩序整然한 雰圍氣 속에서 過히 遜色없을 程度로 無事히 끝마치였다. 나도 배우 中의 한 사람으로 있었으며 全的인 指導를 하여 왔었지만 이 程度로만 한다면 그다지 수치스럽다고는 볼 수 없을 겄이다(『삼계일기』 1957.2.2., 農民慰安會).

배우들의 記念촬영을 하고 整理하였는데 끝난 後에 再調査를 하였으나 유리 한 장 破損되지 않고 끝을 잘 맺었다. 掃除까지 다 해주었다. ~~ 會員一同의 紀念寫眞을 촬영한 後 部落에서 今般의 勞苦에 對해서 慰勞를 하여 준다고 술을 15斤를 주어서 한잔식 마시였다. 그리고 夜間에는 우리 靑年會에 만드러 놓은 農樂을 처음으로 한 번 처 보았다(『삼계일기』 1957.2.3.).

농촌지역 경제활동체의 시작이었던 농업협동조합을 구성하고 지원하는 활동도 처음부터 참여하여 추진하는 내용이 일기에 담겨 있다.

數年 前부터 輿論의 對象이 되여오든 農業協同組合이 이제 其 法案이 通過됨과 同時 實踐의 段階에 들어가고 있다. 그 關係로서 里長, 農業要員 合同會議가 開催되였다. ~~이와 같이 해서 組織하여 앞으로 本格的인 軌道에 오른다면 얼마만한 成果를 擧揚 할 것인지? 이제 제대로 運用만 된다면 多少나마 農民의 農村生活에 도움이 될 것이다(『삼계일기』 1957. 5. 19.).

農業協同組合 發起人 會議를 ~~20餘 名이 參席한 가운데 開催하였다(『삼계일기』 1957. 6. 2.).

前週에 하다 말았던 協同組合情款에 對하여 硏究하였다(『삼계일기』 1957. 6. 3.).

發起人의 한 사람으로서 여기에 積極 協力하여 왔었다. ~~ 總 加入者 112名 中 82名이 集合한 가운데 會議는 進行되여 臨時會長에 金學進氏가 書記에는 내가 選出 되었다. 나 같은 사람에게도 理事라는 감투(?)가 나려왔다. 나로서는 事實 생각에도 없는 일이다. 그러나 다만 一但 組織이 完了된 以上 遜色없이 運營되어야 할 것이다(『삼계일기』 1957. 6. 3.).

三溪里 農業協同組合의 事業을 開始하였다. 앞으로 出資金만 據出되면은 正常的으로 運營할 수가 있으니 其間이나마 잘 運營되기를

바란다(『삼계일기』 1957.6.27.).

任實에 三溪里 農業協同組合設立 等 申請 關係書類를 가지고 갔다(『삼계일기』 1957.7.23).

아무리 공동체의 공존·공생·공진화를 위한 활동이라지만 이러한 활동 중에는 시장원리 비작동, 규범거부 세력의 반발, 이해관계자 간 갈등이 생기게 마련이다. 여기에 협력을 이끌어 내는 리더십이 요구된다. 정우회가 도박을 못 하게 훼방을 놓자 관련자들과 갈등이 생겼고, 정우회 회원의 일탈적 활동이 타켓이 되어 고민되는 일들이 일기에 들어있다.

親友들과 같이 親睦을 圖謀하고 友誼를 도두자는 目的에서 組織했든 本 部落의 丁友會가 日益 發展을 해야할 터인데 部落民의 輿論거리만 되여가고 있으니 寒心할 일이다. 오늘도 쓸데없이 술을 마시고 亂暴한 行動을 하여 惡宣傳이 떠돌아다니고 보니 듯기에 매우 좋지 않으며 눈물이 날 程度로 心機가 않 좋았다. 그래서 저녁에 關係者를 다려다 놓고 말을 할여고 하니 이겄도 쉽사리 되지 않은다. 그러나 한번 始作했든 일이라 別 수없이 事情해 가지고 始作했다(『삼계일기』 1957.1.26.).

丁友會 關係로 여러 가지로 많은 말이 있어 어   게 氣分이 나쁘든지 정말 무어라고 말할 수 없었다. ~~ 그렇다고 해서 이제 내가 손을 떼면은 일이 제대로 成就될 겄인지도 알 수 없고 別 道理없이 끝까지

꾸준히 努力해서 成功的으로 完成하고 싶다(『삼계일기』 1957.1.28.).

일기에 나타난 젊은 시절을 거쳐 30여 년 뒤에도 각종 여행 관련 단체나 모임을 만들어 주도적으로 이끌어 갔다. 임실군행정동우회의 회장을 맡아 세상과 이별할 때까지(2012-2015) 군 행정에 협력하며 봉사하는 활동체로 운영했다. 초등학교 육성회, 중학교 운영위원장(2002, 73세-2005), 종친회 임원(1993, 64세-1998)으로 일했다. 또 삼계면노인회를 구성하고 회장을 맡아(2004, 74세) 운영회비(8천만 원)를 확보했고, 임실군노인회장을 맡아(2010, 80세- 2014) 운영했다. 이런 체육활동, 연극, 단체여행 등은 사회적 자본을 구축해 주는 데 큰 역할을 하는 교과서적인 사례들이다. 말년에 동네 이웃들과 영화관람을 하고 배경설명을 해주던 것을 잊지 못하는 분들이 있다. 연극을 기획 제작, 공연하는 과정에서 젊은 감성들은 서로 소통하면서 지역사랑으로 이어간 것으로 본다. 야학을 운영할 때 참여했던 이 중에는 자녀만큼은 박사까지 뒷받침하겠다고 일찍부터 스스로 다짐한 사람도 있었을까. 네트워크 활동은 뒷날 지역의 훌륭한 인적자본 구축과 농악이나 상여놀이 같은 전통기반의 문화자본을 연결하면서 더욱더 커져갔다. 이런 활동으로 사회단체들이 지역사회의 사회관계자본을 구축하는 데 도움 되도록 협력적 리더 역할을 했다.

4. 신뢰성

서로 믿고, 그 믿음을 유지하는 것이야말로 공동체 사회의 터무늬이다. 이익이 크지 않았고, 서로를 비교할 건덕지resource가 없었던 시절에는 모두가 서로를 믿고 살았다. 산골 마을에서의 소소한 삶에서도 이는 의심할 바 없는 불문율이었다.

적어도 50년대에 신뢰라는 말은 몸으로 실천하는 것이고, 누구나 그리해야 했다. 이 기본바탕에서 벗어나면 매우 서운했던 것이다. 특히 신뢰받는 행정을 펼치며 공직자는 주민들과 관계를 부드럽게 이어갈 수 있었다. 공직의 명예는 신뢰를 먹고 지켜진다고 생각한 것이다. 공직자가 깨끗하다는 믿음이 깨지면 민본행정은 물론 주민 상호연대도 깨진다. 더불어 경찰공무원, 기자들이 깨끗하지 못한 돈을 요구하면서 신뢰를 흩트려 놓아 개탄한 기록이 많다. 화를 식히려고 기록하고 있다. 공직수행에서도 돈에 대해서는 사욕 없이 깨끗하게 처리하고 심지어 업무추진비지출기록을 꼼꼼히 남기기도 했다. 내가 기관장을 처음 맡았을 때 해주신 말씀도 "공금을 정확히 써서 직원들의 신임을 받아야 한다"는 말씀이었다.

> 人間이란 信用과 言約이란 것을 自己의 生命같이 여겨야 한데 ~~(『삼계일기』 1954.7.21.).

> 우리들 公務員이 信望 있는 公務員이 되어야 한다는 것 이겠 뿐이다. ~~ 信望을 받는다면 일해 나가는데 支障이 없으리라고 본다. 勿論 現在 政策上으로 봐서 모순性 있는 政策이 있기에 그렇다고도 보나 그래도 우리는 民의 信望하는 公務員이 되여야 한다(『삼계일기』 1955.5.4.).

阿山市場에 난장을 연다고 하는데 ~ 이 판속이란 全部 盜賊의 마음씨를 갔게 되니 나는 이러한 겄은 아주 좋지 않은 일이라고 본다(『삼계일기』 1954.9.23.).

共販場에를 나가보니 修羅場이엿다. 人心이 極度로 惡化된 世上이다. 政府나 現物保管者를 못돌아 먹어서 限이다. 檢査收納의 僞造 檢사 僞造 別 짓을 다해서라도 自己의 目的을 채울여고 한다. ~~ 出荷糧穀關係로 賢植氏와 사소한 言爭까지 하였다(『삼계일기』 1956.12.13.).

마을 學生들이 나를 보고 ~~ 支署나 面에서는 맨 돈만 바드러 다녀 ~~ 自己들 家庭에서는 ~~ 싫어하며 욕할 겄이다. 내 이것을 모른 배 아니다. 그러나 내 本心이 나쁜 게 않이라 내 職責이 그러하니 별수 있나. 내 이 職責을 그만두지 않는 한 별 수 없다. 아이들이여 너머나 비웃지 마러다오(『삼계일기』 1954.11.30.).

어째서 요새 나를 바수는 사람이 그러케 많은지 알 수 없다. 요새 같이 人德도 없고 謀略重傷을 당할테면은 차라리 現職을 물러스는 겄이 가장 옳을 겄 갔다. 말 많은 世上이기로소니 그와 같이 남을 해칠겄이 무었이 있느냐 말이다(『삼계일기』 1956.6.14.).

차라리 職場을 그만두고 목탁이나 뚜들고 있는 겄이 오히려 幸福스러운 生活이라고 할 겄이다. 짧은 人生의 一生이 이와 같이 마음에 거믐구름을 끼고 살어야 할 겄인지(『삼계일기』 1956.6.26.).

署 兵事係 職員들로부터 돈을 달라고 졸리고 나니 大端히 不快했다. 事實 요새 날의 行政施策을 非難치 않을 수 없다. 깟닥 만하면 돈이니 이래서야 쓸 수 있나(『삼계일기』 1955.5.5.).

植木日 記念하기 위해서 ~~ 面事務室 앞에다 松木을 6本 심어 놓았다. ~~ 山에 있는 나무를 캐다가 집안에다 심을 必要가 어디에 있는지? 나도 오늘 심기는 심었으나 거기에 대해서는 그다지 贊成하고 싶지 않다. 차라리 苗木을 갔다 山에다 심어 붉은 山을 푸른 山으로 만든다면 그야 얼마든지 좋은 일이다(『삼계일기』 1956.4.5.).

공직자의 신뢰성은 명분 없이 실리를 취하지 않는 데까지 확장된다. 남에게 부담 주기 싫어한 성품도 바탕이 되었을 것이다. 하지만 나를 깨끗하게 해야 남에게 떳떳하기 때문에 믿음을 주는 행실을 지키려 애썼다.

청렴과 봉사로 일관했던 업적(허세욱 7)

바른말 옳은 행실로 ~~ 크고 높이 우러러 보입니다(한대석 8)

정우회라는 청년회를 조직하여 지혜로운 지도로 지역사회개발에 기여하던 수완이며(곽병술 9)

5. 호혜성

가난했던 시절 농촌에서 나눔은 공존·공생의 댓돌이었다. 이런 호혜성 규범을 디디고 지닌 따뜻한 공동체에 들어감으로써 사람들 사이에서 사회관계자본이 축적된 것이다. 이 때문에 사회적 자본은 인적자본과의 관계, 신뢰감과 호혜성 발생에 대한 실증, 사회적인 영향, 참여과정과 혜택 등과 연계시키면서 구축된다. 쌀농사를 지으면서, 한 마을에서 대를 이어가며 살고 있는 사람들끼리 서로 도움을 주고받는 것은 중요한 기본이자 덕목이다.

아예 도움받을 것을 기대하든 아니면 마음에서 우러나와 저절로 베풀어주는 것이든 모두가 이에 해당된다. 보다 근본적으로는 '늘 미안해하는 마음'가짐이나 측은지심, 동고동락이나 官民同樂의 마음 · 친절도 남에 대한 배려이다.

> 이웃집에서 火災가 나서 全部 動員되여서 불을 껐다. 어린 少女가 불을 냈는지 ~~ 자기 어머니가 오드니 야단부터 한다. ~~ 大衆앞에서 그 야단이니 그 마음이 얼마나 놀랠을까(『삼계일기』 1954.10.30.).

> 어제 밤에 書類作成을 해서 아침에 學吉이 한테 付託해서 任實을 갓다 오도록 했다. 急한 用務이기에 다녀오도록 했으나 어린아이를 이 추운 아침에 보내고 보니 內心 大端히 未安했다(『삼계일기』 1956.1.10.).

> 거리에서 喪主와 상여를 맛났다. 나도 모르는 사이에 눈물이 나왔

> 다.~~ 이 세상을 사는 데는 오-직 慈善만이 좋을 겄이다(『삼계일기』 1954.11.2.).

> (전직원 지문채취를 하는데) 言辭는 마치 罪人을 다루듯이 하고 있다. 다 같은 公務員끼리 좀 더 親切을 期할 수 없을 겄인가. ~~ 一般民을 相對할 時의 行動이란 이로서 豫測할 수 있지 않은가(『삼계일기』 1955.10.2.).

더 나아가면 가난한 50년대 농촌에서 '남에게 부담주기 싫어하는 마음가짐'까지 호혜성에 포함할 수 있다. 일기에는 시도 때도 없이 미안해하는 마음을 기록하고 있다. 보답하려는 마음은 일기에 적어서 새겨두고, 서운함이 있으면 면전에서 얼굴 찌푸리기 힘들어 혼자만의 이야기로 일기에 적어둔 것도 배려하는 마음에서 샘솟는 것이다. 등골이 휘는 중년의 삶을 지날 때도 남에게 폐 끼치는 것을 극도로 자제해서 자녀들 결혼은 평일에 하고, 청첩장을 만든 적도 없다. 그래도 경제적으로 다소 여유가 있을 때는 작은 도움을 요청하는 이웃들에게 정성껏 나눔을 실천해 숨통을 틔우곤 했다.

6. 구축활동들 이제 돋보여

지역사회 활동 가운데 지역을 지역답게 만드는 문화운동에 주목했다. 새마을운동, 박사골 브랜드 구축, 야학운영, 연극관람, 영화관람, 여행팀을 운영하였다. 일기에 나타난 '참여구조'를 엮어낸 점에 주목하게 된다. 타고난 심성과 젊은 시절 일기에 한자씩 새겨 둔 다짐이 일생을 거치면서 사회관계자본을 구축하는 행동으로 이어졌다고 본다.

개인·단체·지역이 의도적으로 사회관계자본을 구축해야 '지속발전 가능한 사회'를 유지할 수 있다. 이 기록으로부터 거의 70년이 지난 오늘날 우리 사회는 사회적 포용과 결속이 아쉽다. 일기에서 그렇게 열망하던 사회관계자본들을 지금 어떻게 평가할 수 있을까. 적어도 기록 당시에는 사람들이 제대로 사람대접받는 인본 세상을 만들려 애쓰겠다고 스스로 다짐한 기록으로 본다.

| 참고문헌 |

이강운. 2000. 『좁은 터를 다듬어서』. 아이북

이홍재. 2012. 『현대사회와 문화예술』. 푸른길

_____. 2013. 지역문화정책과 사회적 자본의 통합적 공진화: 시론. 『GRI논총』 15-2. 경기연구원

정순우. 2016. 『조선왕조의 공공성 담론』. 한국학중앙연구원출판부. 70: 109-111

稲葉陽二. 2012. "社会関係資本のどこが問題か？社会科学からの批判に答える" (Society%20of%20Economic%20Sociology%20Annual%20Meeting%202012%20Summary-Inaba.pdf).

北海道公共政策大學院. 2006. "ソーシャル·キャピタルと地域経営". 日本政策投資銀行 地域政策研究センター 地域企画部 北海道支 3-6. 67

西出優子. 2005. "ソーシャル·キャピタル政策の国際比較". 日本の財政学会. 62: 7-9

Brehm, John & Rahn,Wendy. 1997. "Individual-Level Evidence for the Causes and Consequences of Social Capital". *American Journal of Political Science*, 41-3: 999-1023.

Montgomery, John D. 2001. "Social capital as a policy resource, Policy Science". 33: 229-231

World Bank. 2000. What is Social Capital? www.worldbank.org/poverty

곧고 맑았던 심성

| 이홍재 |

1. 출발은 초라했어도, 끝은 넓고 컸다.

4세에 아버지를 여의면서 외로운 삶을 시작했다. 출상 때 술잔을 올린 기억이 어렴풋이 남아있을 뿐 사진 한 장 없는 아버지를 그리워하는 한 가정의 소년가장이었다. 어머니를 따라 외가마을로 삶터를 옮겼다. 분재금조로 조금씩 지원을 해주던 친정 어른들의 결정을 어머니께서 받아들인 것이다. 학식 높은 큰 어른이시던 외할아버지 위세 덕을 보며 타관에서 꿋꿋하게 자랐다. 초등학교 입학금이 없어 하릴없이 나이만 들어가 고심하던 어머니가 큰아버지께 부탁해봤지만 도움을 못 받았다. 몇 년 지난 뒤 우체국에 다니던 종형(이강호)이 한 달 분 월급을 고스란히 지원해주어 학교에 들어갔다. 12세 소년의 고심은 즐거움으로 바뀌었고, 입학한 해에 효자상, 우등상, 개근상 등을 휩쓰는 모범학생이 되었다.

어머니의 엄격한 가정교육을 받으며 소년 시절을 보내고, 청년기는 스스로 활기차게 보냈다. 아름다운 중년 40세 때에 80세 된 어머니를 여의게 되어 이제 세상의 단맛을 보기 시작하던 때라 안타까웠다. 어머니는 동네 사돈서를 맡아서 쓰고, 언문소설 필사본을 만들어 읽을 정도로 유식했고, 점잖은 분이었다. "아버지 날 나으시고, 어머니 날 키우시니"라는 말이 확실히 맞다고 말한 적이 있을 정도로 어머니의 가정교

육으로 인성이 형성되었다.

모든 것을 스스로 결정하고, 이뤄내야 했기에 고심이 많았을 터이나 어머니께 부담될까 봐 삭혀내기 일쑤였다. 타지 타성들과 어울려 사는 삶에서 외로움조차 호소할 수도 없었다. 자연히 말이 적었고 의지는 강하게 형성되었다. 남에 대하여 함부로 말하지 않으나 스스로는 명확하게 판단하려 애썼을 것이다. 어머니 앞에서 자녀들을 귀여워해서 안 되는 것이라 자녀들을 대놓고 쓰다듬지도 못했다. 적어도 어머니 생존해 계실 때까지는 자녀들에게 엄격했고 살갑게 대하지 못했다. 흐트러지지 않으려 애쓰며 살았다.

초등졸업이 학력의 전부였지만 더 많은 배움터를 찾아 스스로가 노력했다. 다른 사람을 대신해서 스스로 교육학습을 가거나, <교양강좌>시리즈를 부지런히 익혔다. 신문을 정독하거나, 각종 법학이론서를 독학하면서 논리적 판단과 법리해석 능력을 키웠다. 공직을 천직으로 여겼기에 정확히 집행하여 남다른 성과를 거뒀다. 일관되게 바른 삶을 추구하여 주위로부터 신뢰와 칭송을 받았다.

2. 인생 단계마다 나름의 자리가 있었다.

유년기를 대표하는 키워드는 '가난과 외로움'이다. 천진난만해야 했던 어린 시절에 이미 어른이 되어버렸고, 지원을 받아야 할 나이에 지원을 해야 하는 책임이 주어졌다. 실수하며 자라는 특권을 누릴 나이에도 실수는 용납되지 않는 삶의 틀을 지켜야 했다. 가볍게 생각하거나 행동할 수 없는 신중함이 몸과 맘에 자리 잡게 되었다.

청년기에는 '일과 보람'으로 자기 존중감을 갖게 되었다. 명석한 두뇌를 타고 났기에 판단이 명확 분명했고, 기획력이 우수하여 맡은 일은 당연히 성과로 끝을 맺었다. 현장을 부지런히 누비고, 일에서 완벽하게 처리하는 솜씨를 인정받아 어려운 일을 믿고 맡길 수 있는 대상이었다. 뿐만 아니라 인간관계에서도 어려움을 곁에서 함께 나누며 돈독해져 친구들이 많았다. 마을청년들과 '정우회'를 조직하여 회장을 맡으며 살기 좋은 마을가꾸기에 앞장섰다.

중년기에는 '인간관계 부자'였고, '인격적 존중'을 받게 되었다. 지역사회의 리더로서 문제발견과 해결에 독보적이었기에 면장님이라는 직책 대신 별명이 '총장님'이었다. 새마을운동으로 새 세상을 열어 가는데 앞장서는 시운을 만났다. 능력과 인화로 어려움을 헤쳐 나가는 데 문제가 없었다. 주민단합과 공동체의식을 키우기 위해 다양한 동호회, 체육회 등을 조직하여 모두가 함께 몸과 마음이 풍요로워지는 마을로 발전시켰다.

노년기에는 '부러움, 칭송'으로 가득한 시절을 보내며 젊은 시절의 고난을 보상받았다. 결혼주례만도 200회 정도를 서게 되니 세대를 넘어 많은 이들이 기억하고 존중을 해줬다. 대학교의 평생교육원을 오랫동안 다니며 폭넓은 인간관계로 사회활동의 대미를 장식하였다. 군청의 여러 자문위원으로 활동하며, 축적된 지혜를 나눠주는데도 시간을 할애하였다. 함께 동고동락하던 동갑들이 모두 일찍 타계하여 말벗이 없어 노년에는 임실군 행정동우회장을 맡아 출근하듯이 임실사무실에 가서 소일을 했다. 면내 활동 중심에서 군내 활동 중심으로 그 반경이 넓어지고, 세상을 뜰 때까지 그 직을 유지하면서 인적인 유대관계를 이어갔다. 여행동호회를 여러 개 조직하여 매주 1~2회씩 직접 안내를 하면서 즐겼다. '형님이 안계시니 여행가는 재미도 없어졌다'고 말하며 아쉬워하는 분들이 있었다.

3. 씨줄과 날줄로 촘촘히 엮었다.

일생을 엮어가다 보면 타고난 것, 노력으로 키운 것, 행운이 더해준 것들이 누구에게나 있게 마련이다.

타고난 것은 아무래도 성품일 것이다. '바른 마음가짐', '겸손한 태도'로 일관했다고 생각된다. 명분 없이 실리를 취하지 않았고, 사심 앞에 언제나 공공심을 내세운 바른 행동이어야 스스로 편했던 것 같다. 허세를 부리거나 속보이는 언행은 평생을 두고 곁에서 본 적이 없었다. 대가 없이 실리를 바라지 않고, 실속 없이 행동에 옮기지 않는 마음과 태도를 일생동안 견지하였다.

끊임없이 노력하여 키운 것으로 '건강관리', '근검절약'을 들 수 있다. 어릴 적 허약한 몸을 '직심스럽게' 관리하여 중년이 되면서부터 건강하게 지낼 수 있었다. 병원에 입원해 치료를 받아본 적이 없고, 누워 며칠 지내본 적이 없이 건강한 것은 스스로 식성, 금주, 절제를 잘했기 때문이다. 근면 검소한 생활이야 당대 모두의 운명이었겠지만 낭비를 싫어하며 허투루 과시 소비를 한 적이 없이 지냈다. 새로운 가전제품을 들여놓던 때마다 입씨름이 적지 않았던 터이다.

삶에 행운이 더해진다면 윤활유가 될 것이고 삶이 가벼워질 것이다. 공직에서 승승장구한 것은 실력이나 능력에 따른 것이지만 운이 함께 했다고 본다. 기관장을 지내면서 직원들 사고가 없었고, 금전문제나 명예에 금이 가는 일이 없었다고 한다. 자기 관리영역 밖에서 생길수도 있던 사고 없이 명예롭게 마칠 수 있어 행운이었다고 회고한 적이 있었다.

뜻대로 안 된 것이 무엇이었는지 직접 말하신 적이 없었지만, 헤아려보건대 배움의 자리가 짧아서 아쉬움이 컸을 것이다. 아마도 대학의 평생교육원을 4년간 내리 등록한 것이 뜻깊은 선택이었을 거라 생각된다. 또 젊은 시절에 도회지 삶이나 고향으로 회귀를 꿈꿨으나 실제로 이루기 어려웠다. 그리고 군대에 있을 때 태어난 둘째가 그 나이 무렵에 세상을 떠나게 되어 가슴 아팠을 터인데 내색을 하지는 않았다. 담백함을 넘어 처음이자 마지막으로 허세를 부리는 모습을 곁에서 낯설게 본 적이 있는데 바로 그때였다.

4. 꿈과 바람, 모두 이루었다.

좌우명을 강조한 적이 없어 잘 모르겠지만 언젠가 가훈을 적어오라는 학교 숙제에 "즐겁게 살자"는 말을 해주신 적이 있다. 실제로 '결혼기념일'을 챙기고 자녀들에게 기억시켜주거나, 도회지 출장 때면 학용품을 꼭 사다 주시곤 했다. 가족 기념사진을 찍자고 할 때 여러 말씀 없이 성큼 앞장을 스셨다.

정년 이후에는 여행을 즐기는 삶을 이어가, 마음 편히 지켜볼 수 있던 자녀들이 더 기뻤다. 일 할 때는 매진하고 틈틈이 오락을 즐기셨다. 일기에서는 마작을 즐긴 기록이 많다. 가족동반 영화 연극관람을 간혹 즐기셨다. 호기심이 많으셔서 여행 때면 관광안내문을 거의 외우셨고,

성에 안 차서 볼만한 문화관광지 소개 책자가 없냐고 물어보신 적도 있다. 언젠가 동남아 여행 귀국길에 공항에서 모시고 올 때 여행담을 들려주시던 차 속에서의 유쾌한 기분을 뚜렷이 기억한다. 젊은 시절에는 소설습작도 하신 듯하고, 어린 막내딸에게 꽃잎 함께 넣은 감성 가득한 편지를 보내시기도 했다.

옛 어른들이 야망을 갖고 살았는지 잘 모르겠으나, 특별한 야망이나 야심을 품고 살지는 않았던 것 같다. 아마도 야심을 가질 삶의 여유가 없었던 탓이 아닐까 생각된다. 그런데 일기에서 보면 세상을 보는 시야는 시골초야의 일상이 아니라 국제뉴스에까지 이를 정도로 넓었던 것으로 보인다.

젊은 시절부터 정치에 관심을 가진 것 같은데 정치참여보다는 정치현상을 평가하는데 탁월하셨다. 현실 정치문제에는 매우 비판적이었고, 진보적인 생각보다는 보수적 입장을 견지했다. 정치인 행태 특히 야합적인 행동에 대해 치를 떨었고 위선적인 동물로 간주했다.

경제관념을 실천할 여유가 없어서 그랬지만, 돈을 벌려고 투자한 적은 없었던 것 같다. 유년기에서 청년기까지는 지긋지긋한 가난과 씨름했지만, 중년 이후 공무원급여가 현실화되면서 저축으로 경제여유를 갖기 시작했다. 30년간 자녀 학비를 대느라 여유가 없었고, 그 뒤 20년간을 자녀 결혼시키느라 오롯한 여유는 누릴 수 없었다. 평생을 경제적 긴장 속에서 맘 졸이며 지냈지만, "너희들이 태어나면 꼭 토지도 늘어나게 되더라"는 말씀을 해주시며 웃으셔서 오래 기억에 남는다. 필요한 만큼의 생산과 최소한의 소비 생활이 몸에 밴 삶이었다. 그러면서도 등교시간에 애들이 손 벌릴 때 집을 나서면 발걸음은 우리 집으로 '자연히 가게 되더라'는 말을 하는 이웃들이 있었다. 작은 돈이지만 가난한 이웃들과 나누며 지내셨다.

지역사회에서 주민들과의 관계는 주민들이 종종 들려줘 알고 있다. '면장'의 위세가 컸던 시절이지만 늘 조심스러운 태도로 대했었다. 새마을운동 때 일궈놓은 지역변화 모습에 만족하셨다. 박사들이 늘어나 박사골 이름을 브랜드로 만드는데 언론에 홍보하느라 애를 쓰셨다. 지역특산물인 엿 생산이 얼마나 되는지 수치로 증명하려고도 힘쓰셨다. 한 번은 산수리 지역에 큰 산불이 나서 불을 다 끄고 군수에게 보고하러 가서 사표를 내겠다고 말했다고 한다. 당시에는 관행이었기에 군말이 필요 없었다. 군수 말하기를, 주민들이 먼저 달려와 이 건으로 "이 면장 사표 받으면 절대 안된다"고 압력을 주고 갔다고 하며 오히려 격려했다는 이야기는 전설처럼 전해온다.

공직자관은 뚜렷하다. '청렴제일', '행정능력', '현장중시'로 보인다. 업무추진비를 꼼꼼하게 기입한 기록이 있다. 내가 처음 기관장 발령을 받았을 때 해주신 말씀은 "업무추진비 등으로 부하직원들에게 책잡힐 일이 없어야 한다"는 말씀이었다. 내 어린 시절 객지에서 돌아와 인사하러 사무실에 들르면 의자는 늘 비어있고 현장 출장 중이셨다. 젊은 시절에는 걸어서, 나중에는 자전거로 누비셨다.

자녀들에게는 마음으로 사랑을 주셨다. '무엇을 하라'는 적극지시보다는 지켜보고 지원만 해주셨다. 성적이나 실패에 대해 꾸지람 한번 한 적이 없어 오히려 송구스러웠다. 어머니를 여의고 나서부터는 넷째 이후 어린 애들을 매우 자상하게 귀여워해 주셨는데, 윗 아이들에게는 어머니 앞이라 차마 귀여운 손짓 한번 안 해주셔서 어려운 관계였다. 결혼식 때면 눈물로 주체하기 힘들어하셨었다. 며느리나 사위들에 대한 사랑도 속마음으로만 지녔다. 돌아가실 무렵 막내 사위의 손을 꼭

잡아주어서 당황스러웠다고 말할 정도다. 그 막내사위는 돌아가신 장인을 위해 매일아침 불단 앞에서 백일기도를 혼자서 드렸다.

인생 성공관에 대한 전략적인 말이 없어 자녀로서는 매우 아쉽다. 그런데 메모지에서 발견한 문장이 이를 대신해 준다. "관직 자리는 운명이고, 그곳에서 열심히 하여 자리를 빛내는 것이다" 이것이 성공에 이르는 인생관이었다고 느껴진다.

일하는 방식에 대해서는 "기획력이 좋고, 다양한 대안을 개발"하는데 뛰어났다고 한다. 칠순기념 책자 '좁은 터를 다듬어서'에 축하 글을 써 주신 친구분의 말씀이다. 그리고는 성실하게 추진하여 달성하는 방식으로 일하셨다고 본다.

5. 일관된 마음자리.

길고 긴 삶을 이어가는데 바탕이 되었던 심성을 몇 가지로 요약하기에는 우리네 인생이 너무도 복잡하다. 그래도 일관되게 나타나는 마음자리가 있어 이를 심성으로 정리해볼 수 있겠다.

첫 자리를 차지하는 심성은 '과묵'이다. 남의 이야기를 함부로 말하지 않았다. 또 남의 말에 쉽게 따르지 않고. 본인이야기를 듣기 전에는 함부로 판단하지 않았다. 새마을운동 때 험한 이야기를 들어도 집에 와 내색하지 않았다. 호불호가 분명했고, 어떤 현상에 대해 스스로 판단하고 그러나 표출하는 것은 보류했다. 그래서 말이 말을 만드는 세상에서 욕을 얻어먹는 일이 없었다고 본다. 남을 흉보면 민망할 정도로 여지없이 나무라시곤 했다. 힘들었던 삶 속에서 스스로 터득한 심성이라 생각된다.

두 번째는 '공공의식'이 강했다는 점이다. 개인의 일에 공공의 자원을 끌어들이지 않는 무서운 철칙을 지니셨다. 재직 중이나 퇴직 후에도 공공에 사적인 개입을 싫어하고, 사적인 일에 공공을 의지하지 않으셨다. 병사업무를 맡아서 남들에게 엄격히 하면서 본인이 군을 기피하면 안된다고 스스로 늦은 나이에 군대를 자원해서 마쳤다. 그리고 공무원이므로 늘 모범적이어야 한다는 생각 때문에 당연한 공공혜택도 맨 나중에 받게 된다. 보다 못해 이웃들이 나서서 전봇대를 설치한 일이며, 집 부근 수로개선도 이장이 나서서 해줬던 이야기가 증명한다. 그러나 군청회의 때 비판에는 엄격했다는 후배 공무원의 증언이 있고 보면 공공심 때문이었으리라 생각된다.

세 번째는 '자존감'으로 마음관리의 기둥을 삼으셨다. 무엇보다 꼿꼿한 자존심이 그 어려웠던 시절을 무사히 넘기는데 디딤돌이 되었을 것이다. 비록 가난하지만 감역장 손자로서 그리고 동네어른의 외손자로서 버텼다. 알만한 분들은 오히려 먼저 손잡으려 달려들었기 때문이다. 두 할아버지의 '위세'를 받으며 정신적 지주로서 자존감을 세우는데 버팀목이 되었다. 스스로 명예를 갖추기 전부터 이런 자존감 때문에 삶이 건실했다고 본다.

네 번째는 탁월한 '기억력'이다. 업무와 관련해서 마을에 크고 작은 시설을 다 기억하고, 병사호적업무를 오래 담당하면서 가가호호 인구동태를 정확히 파악했다. 자신의 과거 일을 날짜, 수치까지 명확하게 기억하고 열거하셨다. 집안은 물론이고 남의 집안 족보관계도 상세히 기억하신다. 지나간 일을 기억하는 것뿐만 아니라 거짓과 참을 구분하는 판단력도 정확했다.

6. '좁은 터를 다듬어서' 참된 자리를 남겨주다.

태 자리는 소박했고, 삶터는 좁았으며, 일터는 쉼 없이 내달려 온 흔적이었다. 그러나 남겨진 자리를 되돌아보니 모두가 '참된 자리'였다고 기록 남기고 싶다. 3만 987일의 긴 여행을 마치고 물러날 때는 참으로 깨끗하고 아름다웠었다.

세상과 이별하는 자리가 그 삶의 총체적 이미지 아닐까 생각된다. 단지 무릎이 아파서 병원을 찾았을 뿐인데, 삶의 끝자리를 준비해야한다는 의사의 이야기를 그 누가 믿을 수 있을까. 그로부터 11일간의 침대 생활은 평생 처음이자 마지막으로 몸을 편하게 쉰 기간이었다. 걸려오는 전화에는 번거로움을 주지 않으려고 아들 집에 있다고 말을 아꼈다. 마지막 3일 전은 결혼기념일이었고, 가족 모두는 슬픈 마음을 숨긴 채 모였다. 무슨 이야기 끝에 자동차를 타고 가다 저수지로 미끄러져 들어갔던 지난날 이야기를 침상에 걸터앉은 채 들려주셨다. "그 뒤 삶은 여분이었으니, 너무 서운하게 생각하지 말라"는 뜻이 아니었을까 지금 생각된다. 넷째 사위가 녹음한 당시 음성은 아무리 들어봐도 활기차고 큰 목소리였다.

결혼하고 처음 처가에 왔을 때 불렀다던 노래를 외숙께서 그때 이야기와 더불어 스마트폰으로 들려주셨다. 가족 모두 함께 들었던 노래는 현인의 '비나리는 고모령'(1946)이었다.

> "어머님의 손을 놓고 돌아설 때엔, 부엉새도 울었다오 나도 울었소
> 가랑잎이 휘날리는 산마루턱을, 넘어오던 그날 밤이 그리웁고나"

어머니 같은 이 세상의 손을 놓고 돌아서서 고모령 넘을 생각을 하신 것일까. 그 날 밤 모습은 참 해맑았다. 그 뒤 이틀간은 조용한 침묵만이 흘렀다.

발인 날에는 흰 눈으로 천지가 하얀색이었다. 첫눈치고는 너무도 많았다. 슬픈데도 소복한 눈꽃 덕분에 내 맘이 그리 보달리지는 않았다. 발인시간 무렵 어디서 노랑나비 한 마리가 날아와 너울너울 춤을 추며 한동안 날아다녔다. 면사무소 앞에서 노제를 지낼 때는 갑자기 햇볕이 쨍쨍 나서 참배객들이 놀랐다. 하관 때는 눈보라가 휘몰아쳐 일하기가 힘들었다. 파란만장한 삶을 재현해 주는 듯한 하루였다. 면사무소 앞 노제 때 많은 이들은 울며 말했다. 나도 꼭 면장님처럼 죽어야 할턴디,,,

젊은 시절의 일기를 훑어보며 끝맺는 말은 삶 속에서 아름답게 꽃피웠던 자리가 적지 않았다는 것이다. 이 발견들은 뒷날 사람들이 추억으로 증명한 것이다. '파란만장'이라는 말로 삶터와 일터의 꽃자리를 여기에 기록한다.

쌀 · 삶 · 문명 총서

국가와 농민 사이, 면서기의 경험과 심성
– 이강운의 『삼계일기』 분석

지은이 이정덕, 박지환, 이성호, 소순열, 김미숙, 진명숙, 양선아, 공은숙, 이홍재
펴낸이 김동원
펴낸곳 전북대학교출판문화원

초판 1쇄 인쇄 2021. 5. 1.
초판 1쇄 발행 2021. 5. 10.

전북대학교출판문화원 전라북도 전주시 완산구 어진길 32 (풍남동2가)
전화 (063) 219-5319~2
FAX (063) 219-5323
출판등록 2012년 8월 20일 제465-2012-000021호

값 12,000원

ISBN 979-11-6372-125-3 93810